집콕

수상한 시대를 건너는 유머 처방전

일기

집콕
일기

펴낸날 | 2022년 3월 27일 초판 발행
지은이 | 김웅래
펴낸이 | 유영일
펴낸곳 | 올리브나무 출판등록 제2002-000042호
　　　　경기도 고양시 일산동구 정발산로 82번길 10, 705-101
　　　　전화 070-8274-1226, 010-7755-2261
　　　　팩스 031-629-6983　E메일 yoyoyi91@naver.com

ISBN 979-11-91860-09-2 03190

값 15,000원

집콕
일기

수상한 시대를 건너는 유머 처방전

유머를 맛깔나게 요리하는 *쉐크라테스*
김웅래 지음

웃음꽃이 집안 구석구석 피어나도록 가꾸고
보살피는 '유머 정원사', 집콕일기 여주인공

일러두기
이 책에는 '목차'가 따로 없습니다. 마음 가는 대로 펼쳐 읽으시고, 마음 가는 대로
웃음 바이러스를 퍼뜨려 주세요. 널리 널리 전파될수록 삶의 무게가 가벼워지고 밝
아질 것입니다.

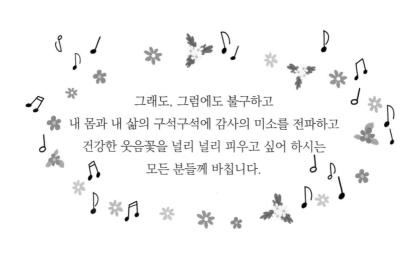

그래도, 그럼에도 불구하고
내 몸과 내 삶의 구석구석에 감사의 미소를 전파하고
건강한 웃음꽃을 널리 널리 피우고 싶어 하시는
모든 분들께 바칩니다.

콕 찝어 몇 마디…

[집콕일기]를 시작하며 평소 무심하게 지나쳤던 아내의 역할을 실감했다. 부부 사이에서 벌어지는 일들은 '한 가정의 역사'를 기록하는 소우주나 마찬가지이지만, 더 나아가 인간의 행복과 불행이 어떤 식으로 발원이 되고 확대 증폭되는지, 모든 인류의 행복의 둥지인 가정이 어떤 식으로 꾸려져 나아가야 하는지, 그 방향마저도 엿볼 수 있는 바로미터가 아닌가 싶다.

[집콕일기]는 댓글 달아 주시는 분들의 성원으로 여기까지 오게 되었다. 이 책엔 270여 명의 페이스북 친구들 댓글이 실려 있다. 일일이 허락을 받아 이름을 밝힐 수 있었다. 단골 댓글러들은 아마 과거에 동생이나 친구의 일기를 몰래 들여다보기 좋아했던 분인지도 모른다. ㅎㅎ

문자 댓글 외에 기발하고 화려한 이모티콘으로 적절하게 감정을 대신 표출하시는 분들의 재치가 내 글보다 빛날 때가 많았다.

[집콕일기]는 아침 7시 30분에 페북에 올렸다. 하루 사이에 페친들 500여 분 이상이 '좋아요'와 아주 많은 댓글을 올려 주셨다. 그분들에게 감사를 표한다. 1년 동안의 내용을 책으로 만나고 싶다고 댓글로 성원하신 분들의 힘을 빌어 이렇게 책으로 엮어내게 되었다.

[집콕일기]에 주연으로 등장하는 아내와 가끔 등장하는 어린 손자들이 글의 내용에 넓은 아량으로 오해 없기를 바라며, 출판사 올리브나무의 유영일 선생님에게도 감사를 표한다.

끝으로 [집콕일기]가 지구촌 부부 사이에 화목한 웃음의 비타민이 되어 행복한 가정과 여유있는 생활에 도움이 되었으면 합니다!

2022년 새 봄을 맞으면서
김웅래

웃음도 전염된대요. 어서어서
웃음 바이러스를 지구촌 멀리
퍼뜨리세요, 웅크라테스 씨.
웃음은 유통기한도 없고
부작용도 없는 최고의
명약이랍니다.

아니, 그렇게 과중한 숙제를!
내가 숙제를 하기 전에
당신부터 활짝 웃어 봐요.
"구김살없는 아내의 웃음은
온 집안의 햇빛"이랍니다.

유머를 맛깔나게 요리하는
웅크라테스 왈

001

한 달 만에 손자가 왔다.
집안이 반가워 난리다.

나는 응접실에서 손자 말 태우고.
집사람은 부엌에서 냄비 태우고.

↘ 행복이네 시트콤이네요. ㅋ — 채연희

↘ 온몸 바쳐 놀아줘도 끝없이 속 태우고~^^ — MoMo Mi Jeong Lee

↘ 촌장님 행복이 타고 있습니다. — 성양희

↘ 글이 개그콘서트는 째비도 안 되게 재밌습니다. 문장으로 사람의 미소를 생산
   케 하는 건 신기(영험한 기운)가 열린 겝니다. — 박해만

↘ 선생님 얼굴에 번질 환한 미소가 눈에 선합니다. — 염순천

002

아내가 '내 인생에 있어
한줄기 햇볕이나마 비쳐준 적이 있다'고 한다면
바로 오늘 아침이다.
정말 피곤해 늦잠을 자고 싶은데
커튼을 열어제껴
솟아오른 태양빛 한 줄기를
눈부시게 내 얼굴에 비치게 하고 있다.

↘ 주무시기 전에 꼭 썬크림 하세요~~ — 김기형

↘ 차 마시다가 뿜었습니다. ㅋㅋㅋ — 김평강

↘ 사모님께서 주시는 비타민D 선물이네요. — 한종주

↘ 모든 아내는 남편이 혼자 무얼 하든 편히 쉬는 꼴을 못 봅니다. — 조혁신

↘ 한참 웃었습니다~~^^ㅎㅎㅎ — 김영숙

↘ 도로 닫고 누우세요. — 이지영

11

코미디에 관한 논문 땜에
집을 찾아온 후배 얘기로 오늘 하루 유쾌했다.
중 3 때 그 단어가 급훈이었고, 대입 때는
그 단어를 책상 앞에 써 붙이고 밤을 새웠고,
운명인지 그 단어의 여자와 결혼까지 했다고.
그 단어는 '정숙'.

⌐ 이름은 알겠는데, 性은 뭐죠? — 박해만
  ⌐⌐ 女性입니다. ㅎ — 웅크라

⌐ 배 타자마자 [집콕일기] 읽었는데, 오늘도 연평도 가는 배의 출발이 즐겁습니다. — 신영희

⌐ 앗, Moon통님이… 혹? 그 정숙? — 정재희

⌐ 저도 그 단어와 결혼했습니다. ㅎㅎ — Changwook Kim

⌐ 저 아시는 분은 결혼하셨는데 사모님 성함이 신자… 性은 임씨라고 하네요. — Bruce Lee

004

집콕
일기

손에 피가 가득 해서 놀랐다.
꿈이 아니라 현실이다.
손자에게 줄 용돈 5만 원을 건 '고스톱' 판에서
내게 비피 똥피를 포함, 손에 피가 가득하다.
아내의 표정은 꼬리를 치는 걸 보니
이번 판이 녹록치 않을 꺼 같다.

　↘ 다 주거쓰, 일타 쌍피에 쓰리고, 피박에 광박에, 판쓸이 끝! ― 김용원

　↘ 남자가 져 드려요. ― 동섭최

　↘ 사모님 패는 5光이 드신 거 같아요. ― 김영호

　↘ P나는 노력으로 꼭 쑈당으로 무사히 넘기시옵소서. ― 하필승준

　↘ 그래도 똥은 조심해 드세요. ― 박재련

TV에서 '명당' 얘기를 한다.
TV가 자기 얘길 하고 있는 거다.
집콕 이후,
우리 집 최고의 명당에
TV 그가 있다.
나는 항상 명당을 지키는
불쌍한 초병.

↘ 명당자리에 함께 있으니 행복한 초병입니다~ㅎㅎ ― 용석근

↘ 맞아요. 티브이가 명당자리를 잡았네요. 거만해 보이죠.
　모든 이가 바라보는 그 자리. ― 신명숙

목이 컬컬해 부엌을 뒤지는데
집사람이 방에서 묻는다.
"뭐해요?"
"아무것도 아냐!"
"찬장 뒤지지 말아요.
다용도실 선반 위에 당신이 찾는
'아무것도 아닌 거' 한 병 있어요!"

오~! 귀신과 함께 살 수 있어
감사하옵니다.

↳ 우리 아내도 가끔은 저보다도 저를 더 잘 알고 있더라구요. ─ 홍달표

↳ 우리집도 귀신 한 분 추가요~~ㅎㅎ ─ 정민

↳ '찬장'… 참 정겨운 단어이지요. 언제 저 단어를 썼었는지 가물가물합니다.
　고맙습니다. 제 영혼을 맑게 해주셔서…^^ ─ 김완식

↳ 귀신은 속여도 어부인은 못 속입니당. ^^* ─ 한덕택

"내가 그렇게 말했는데
당신 '형광등'이유?"
"아니,
친구들이 날 얼마나 센스쟁이라고 하는데…"

잠시 침묵 후 얻은 깨달음이
나로 하여금 어두워진 거실을 지나
마트로 형광등을 사러 가게 했다.

↳ 김수희 노래 '비 내리는 호남선'이 생각나네요. 깜빡깜빡이는~~~희미한
ㅎㅎㅎ — 이시중

↳ 요즘 쎈쑤쟁이들은 LED로 달아요. 깜빡거림없이 쭈~~~우~~~욱~~~!!
— 한혜승

↳ 이제부터의 삶은 형광등으로 사시는 것이 더 좋을 듯합니다. — 전귀향

"기적의 수면법"을 읽은 아내가
밤 10시에는 자야 된다고…
난 거부했다. 저항했다.
하지만 목장의 양떼를 모는 훈련된 개인 양,
나를 침대우리로 용케 몰아넣는다.
난 양(羊)을 세며 잠드는
한 마리의 순한 양!

↘ 수난 양 (*受難: 겪어내기 어려운 일을 당하는 것). — 곡인무영

↘ 참 잘했어요! 별 다섯… — Sunduck Han

↘ 하시자는 대로 하셔요… '평화'~~ — 김완식

↘ 착한 새 나라의 어린이! ✐김성련

↘ 현명하신 사모님 칭찬드립니다. 10시 이전에 주무시는 게 보약 드시는 것보다
   좋다고 합디다. — 손수영

모처럼 삼겹살 김치찌개를 해보는데
TV에서도 우연히 같은 메뉴로
유명 쉐프가 진행한다.
나와 TV가 레시피가 약간 다르지만
결국 내 것이 더 맛있을 것 같다.
쉐프가 내꺼 보고 컨닝 할까 봐
TV를 껐다.

⤷ 맛보시고 끄시죠. — 동섭최

⤷ 솔찍히 속마음은 겁나셨던 거죠…ㅎ — 한혜승

⤷ 잘 끄셨습니다! 쉐프도 껐을 꺼 같습니다.ㅎ — 김성련

요즘 TV 시청 중에 예쁜 여자 모델이 나와
선전하는 화면이 나오면
애써 외면한다.
특히 아내 옆에서 그런 광고 보는 것은
딱 질색이다.
모델 보다가
집안 얼굴에 익숙해지려면
몇 시간 걸리기 때문이다.

↘ 사모님이 이 글 확인한다면 오늘 원치 않은 외식을 해야 할지도. ㅎㅎ — 함현진

↘ 여전하시네요. 함께 즐겁게 일하던 그때가 그립습니다. ^^ — 김우성

↘ 김 PD님, 밥숟가락 놓고 싶으신 겁니꺼!?! ㅋㅋ — 김평강

↘ 아고고. 뒷감당을 어찌하시려구요. ㅎㅎ — 미루

↘ 크햐 ‥이걸 선배 형수님께서 보셔야 할낀데… 몸조심 하셔요.^^ — 이원섭

결혼 적령기 훌쩍 넘긴
얄미운 후배에게서 전화가 또 왔다.
어떤 조건의 여자를 원하느냐고 물었다.

"늘 정장에,
걷는 운동 좋아하고,
키는 크지 않아도
건강만 했으면 좋겠어요."

음~ 이 친구에게 '펭귄'을 소개해 줄까 보다.

↘ 게다가 말도 안 통할 테니 천생연분! ㅋㅋㅋ ― 김평강

↘ 처가살이는 추워서 힘들 듯… ^^ ― 웅크라

아내 생일이 3일이나 지난 걸 깨닫고
급히 꽃집엘 들렀다.
〈하고 싶은 말을 꽃으로〉라는
팻말이 걸려 있다.
"장미 1송이만 주세요."
점원이 의아한 표정으로 "1송이라구요?" 확인한다.
"예, 난 워낙 말수가 적거든요."

↘ "자! (여깄어)"
  "자! (받아)"
  "축! (진심야)" — 곡인무영

↘ 아이코~ 오늘 하루 무사하시길 기도하겠습니다.^^ — 김형세

↘ 아고~~쓰시는 김에 좀 더 쓰시지. ㅋ — 심두리

↘ 괜찮으시겠어요?? ㅋㅋㅋ — 박진화
  ↘↘ 설마 꽃으로야 때리겠어요? ㅎ — 웅크라

21

내가 제일 좋아하는 '초콜릿' 선물이 생겼다.
"초콜릿이야말로 '천사'가 만들어 지상에 내려보낸
선물야.
그러니 당신도 맛 좀 봐요."
아내는 바로 거절한다.
"'악마'가 그 안에 칼로리를 잔뜩 넣었는데
내가 왜 속아요!
내가 왜 먹어요!"

↳ 저희 집 이야긴 줄 알았어요, 선생님. 엉엉. ─ 유동환

↳ 카카오 함량 70% 이상의 다크초콜릿은 폴리페놀이 들어 있어 항암, 항염,
항산화에 좋다네요. 당은 걱정되지만. ㅋ ─ Chung Gyu Song

↳ 그래도 혹시?? 남겨 놓으신 갯수를 잘 확인해 보세요.^^ ─ 김형세

↳ 가끔 한두 개는 괜찮은데 ㅠ ─ 하필승준
  ↳↳ 가끔 세, 네 개도 괜찮은데…ㅎ ─ 웅크라

↳ 달콤한 유혹! ─ 전귀향
  ↳↳ 높은 칼로리의 쓰디쓴 배신…ㅎ ─ 웅크라

오늘 모처럼 아내와 잠시 병원에 다녀왔다.
귀가해서 아내에게
"실질적 운전은 조수석에서 당신이 다 했잖아?"
불평하니…
식탁에 떠억 앉아
입으로 요리하는 나보다 낫지 않냐고 바로 반격!
어느새 그런 생각을 해내는지
미스터리하다.

↘ 교수님과 사모님의 [집콕일기]를 읽다 보면 부부는 닮아간다는 옛말을 확인
  하곤 합니다. ㅎㅎ ― 이종원
  ↘↘ 닮아가다가 이젠 닳아가는 중입니다. ㅎ ― 웅크라

↘ 손주 혹시 태우지 마세요. 그날 일기장에 할아버지 할머니 주인공 되니까요.
  ― 김영호
  ↘↘ "우리 할아버지는 내내 아무 대꾸도 안 하신다. 이상하다. 기가 죽은 건지
    아예 무시하는 건지…" ― 웅크라

↘ 알콩달콩~~~!^^ ― 이인숙
  ↘↘ '알콩달콩'이라뇨, 아무리 생각해도 '알쏭달쏭'입니다. ― 웅크라

아내는 참 많은 것을 물어 본다.
난 하루에도 별의별 예상치 못한 질문에 시달린다.
어제는 하루종일 모든 물음에
답을 안 해보기로 했다.
일종의 '부부실험'이었다.
그런데 놀랍게도,
아무런 일 없이 신비롭게 하루가 갔다!

ㄴ 묵비권 작전 성공. ㅎㅎㅎ. 심각한 부작용 우려 주의보! — 함현진

ㄴ 그 실험 방금 전에 따라해 봤습니다. 각자 따로 벽 보며. 전쟁이 시작되었습니
다. ㅜㅜ — Jongup Chun
   ㄴ 그 실험, 방역이 철저한 실험실에서 이루어져야 하는데… — 웅크라

ㄴ 부럽네요. 우린 그랬다간 실험기구 박살납니다. ㅎ — 김영호

머리 좋아지는 식품이라며
고등어, 꽁치 등등 생선요리만 해준다.
비린내 싫어하는 나는
"여보, 생선은 비싸기만 하고 효과도 없으니
이제 싼 반찬으로 바꿉시다."
그러자 더욱 더 확신에 찬 아내,
"봐요, 벌써 전보다 훨씬 똑똑해졌잖아요!"

ㄴ 놀라운 효과입니다. ㅋㅋ — 한혜승
  ㄴㄴ 집에서 한번 실행해 보시길. 너무 똑똑해지면 집 나갈 염려도 있음 경고.
    ㅎㅎ — 웅크라
    ㄴㄴㄴ 우리집 신랑은 100배 똑똑해지라고 아무래도 고래를 잡아다
      먹여야 될 꺼 같아요. ㅠㅠ ㅋㅋ — 한혜승

ㄴ ㅎㅎㅎ 주름살 때문에 웃지 말아야 하는데~~ — 이향란

ㄴ 우와, 여전히 빛나는, 그래서 덩달아 기분 좋아지는 기ㅁ ㅇㅜㅇ ㄹㅐ표
  Humor… — 박성서

25

남편 코고는 소리 못 참겠다며
아내가 건넌방으로 간다.
얼마 후,
아내의 코고는 소리 시끄러워
난 안방문을 단단히 걸어 잠갔다.
자나깨나~ 거리두기
행복하다~ 우리 가정!

↳ 역시 짱이십니다. ― 동섭최
  ↳↳ 배짱이죠. ㅎㅎ ― 웅크라

↳ DMZ에 남북한 확성기 사건이…떠오르는 건?? ― 박재문

↳ 사회적 거리네요. ― 함현진
  ↳↳ 일종의 가내적(家內的) 거리두기입니다. ^^ ― 웅크라

↳ 가정에서도 거리두기를 실천하시다니…ㅋㅋ― 박병익
  ↳↳ 1) 더블베드 → 2) 트윈베드 → 3) 각 방 → 4) 각자 집… 이 거리두기 과
    정에서 4) 단계로 가면 무조건 안 됩니다. ― 웅크라

홈쇼핑 채널을 보던 아내가
봄 점퍼 세일 중이니
'맘에 드는 색상' 있으면 하나 골라 보란다.

나는 요즘같이 집콕 하는 처지에
아예 '실내 벽지와 어울리는 색상'의
점퍼를 하나 골랐다.

↘ 바지는요? 장판색! ― 곡인무영

↘ 예쁜옷 입으시면 집밖을 나가시고 싶으실 텐데요~~ ― 고명숙

↘ 혹시라도 잘못했을 때 그 옷 입고 벽에 딱 붙어 계시면 사모님께서 못 찾을 수
  도…ㅋㅋㅋ^^ ― 김형세

↘ 개콘이 사라진 게 아니라 우리 마음속에 살아있는 것 같습니다. 선생님 댁이
  무대이고 일상이 대본인 것 같습니다. ^^― 박종국

아내는 무조건 아끼고, 안 쓰고,
쟁여두는 데 도사다.
집안에 유효기간 넘겨 폐기되는 식품이
먹는 양보다 더 많다.
하지만 뭐니 뭐니 해도
유효기간 넘겨 쟁여둔 것 중
가장 오래된 건 바로 '나'일 꺼다.
들키지 말자!

↘ 아닙니다… 교수님의 지혜와 철학은 묵은지처럼 깊으십니다. — 함현진

↘ 너무 잼 나요. 무탈하시길 빕니다. — Sunduck Han

↘ 아직 안 들키셨다고 생각하십니까? 글쎄요…하하하 — 손수영

↘ 저는 요새 고물장수가 없어서 다행으로 여깁니다. 마눌이 안 쓰는 물건을 자꾸
   내놓으려 해서요. — D. S. Keum

↘ 전 들켜서 폐기처분 순위에 있어요. ㅎㅎ 웃픕니다요. ㅎ — 감성아재

020 집콕 일기

설이 또 왔다.
일년 내내 우리 부부가
화목한 비법이 뭐냐구
주변에서 묻는다.
특별한 거 없는데 말이다.
다만 일주일에 두 번
집콕 중이라도 취향에 맞는
외식을 해왔다는 것뿐.
아내는 화요일에,
나는 금요일에…

↳ 火星 여자, 金星 남자. ㅎ — 김성련

↳ 저는, 火요일, 木요일로 생각했어요. 하도 화목(和睦) 하시길래! — 유영대

↳ 화목의 비결은 적당한 거리두기 철저히 지키기~ㅎㅎ — 용석근

아내 없는 틈 타
박스와 옷가지 뒤엉킨
옆방 먼지 바닥 속에서
비상금 봉투를 찾아냈다.
반가움에 집어 드는데
봉투 속에 '숨은 그림찾기'처럼
내 등 뒤로 얼굴이 비친다.
헉~ 촉수도사 아내다!

↘ 반땅하세여.^^ ― 박재문

↘ 선생님^^ [집콕일기] 읽으면서… 웃으면서 지내고 있습니다. 엔돌핀이 팍팍
    행복입니다. ― 최지숙

↘ 내가 번돈을 숨겨 놓아야 하는 이 더~~~~~러운 세상! 젠장 오늘은 어디다 숨
    겨야 하나!! 선생님! 팁좀 알려 주세요~~~ㅎㅎ ― 정민
    ↘↘ 숨겨 봐야 부처님 손바닥 안에일 걸요. ― 이민원

↘ 구두창을 뗀 뒤에 돈을 부치고 다시 구두창을 부칩니다. ― 강○춘

↘ 아깝당! ― 함현진

아내의 절약 정신은 '자린고비'도 울고 갈 정도다.
약값 쓰느니 아파버릴 정도다.
내 지출 정보, 통장 위치 등
100% 사전 탐지, 통제된다.
집안에 스텔스 기능의
'공중 조기정보 통제기'가 분명 있다.
찾아 뿌셔야지!

↳ 생활비 관리해 주시는 분 옆에 계시니 얼마나 좋으시겠어요~~— 고명숙
　　↳↳ '관리'라뇨? 꿈에도 맡긴 적 없는데… 지갑 그대로 있나 확인하고 올께요.
　　　　— 웅크라

↳ 매일 선생님의 글을 마눌과 함께 보다보니 배꼽의 위치가 조금 변했습니다.
　　내일 병원가는 데 괜찮은지 진료받을까 합니다. — 한종주
　　↳↳ ㅎㅎ 걱정됩니다만 일단 앞면 어디쯤에라도 위치하면 그리 큰 걱정 안하
　　　　셔도… — 웅크라
　　　　↳↳↳ 다행히 뒤로는 가지 않았네요. — 한종주

↳ 행복함이 제가 사는 제주도까지도 전달 ^^♨ 집콕 일기는 요즘같이 우울할 때
　　한번씩 웃고 ^^ 중독성 있어요.^^ — 안성옥

TV 뉴스 보는데, 사고차량이 내 차와 같은 번호라서
깜짝 놀랐다.
"당신, 방금 번호판 봤어?"
"아뇨! 하지만 조수석 여자는 봤어요.
곤색 정장 안에 연두색 브라우스 받쳐 입고,
진주 귀걸이 목걸이 세트에 립스틱 찐했어요."

↘ TV 사고차량이 내 차 번호와 같은 경우 있었어요. ㅍㅎㅎㅎ — 이재평
　↘↘ 번호판만 같아서 다행, 차까지 같았으면 도난 확실, 주차장 가봐야 할 듯
　　　ㅎㅎ — 웅크라

↘ 고달픈 시간에 웃음 주시니 또 이렇게 웃는 하루 될 것 같아요.^^ — 고명숙

↘ 남자와 여자의 차이? 이해가 되지 않는 부분이죠. — 전귀향
　↘↘ '부분'이라뇨, '전부'입니다. ㅎㅎ — 웅크라

↘ 역쉬 여자는 무섭습니다. ㅎㅎ — 함현진
　↘↘ 나도 1표 던집니다. ㅎㅎ — 웅크라

↘ 스캔이 무지 바르시네요. ㅎ — 하필승준
　↘↘ 출력도 무지 빠릅니다. ㅎㅎ — 웅크라

커피를 내리는 아내 뒤로 가서
살며시 말했다.
"여보, 사랑해."
아내는 아무 말 없이 달력 앞으로 가서
오늘 날짜에 '一' 표시를 한다.
최근 십 년 사이에 '사랑해' 소리를 들은 게
오늘이 처음, 한 번째라는 표시란다.

↘ 이제 앞으로 正자가 여러 개 되겠네요. ㅎㅎㅎㅎ — 김성련

↘ "천만 번 또 들어도 기분 좋은 말~ 사랑해~ㅎㅎ" 자주 해주셔서 매일 푹 빠져
　서 사시길 기도드립니다. — Kyeonghoon Lee

↘ 잘 하셨어요. 처음이 어렵지 자주 표현하면 밥먹는 것보다 쉬워용~ㅎㅎ
　— 용석근

↘ 힘찬 쉰혼 더욱 행복한 쉰혼이 되시길 기원합니다. — 하필승준

집술은 빨리 취한다.
술잔이 두 개로 보일 때쯤
아내가 첫 데이트 생각나느냐고 묻는다.
"물론이지, 우린 '황제분식' 들렀다가
'왕자다방' 갔으니
완전 왕족 데이트였지."
아내가 술잔을 휙 뺏어간다.
기억 앞에 겸손했어야!

＼ 나였음 술잔 안뺏고 '걘 누구래?' 하고 취조했을 텐데. — 설다민

＼ ㅎㅎ 왜 그리셨어요? 외식과 용돈 보너스 찬스 놓치셨군요. — 김영호

＼ 맞아요~ 왕족 데이트 공감합니다~ — 김용범
　＼＼ 맞아요~ 3차로 '왕족발'까지 먹었어야 완전 왕족데이트였는데. ㅎ
　　— 웅크라

＼ 선생님~ 딸아이가 피디를 꿈꾸는데… 선생님 페북을 보여주면서, 제가 그랬습
　니다. "PD가 될라믄 이 정도 인생 유머는 가지는 거란다." ㅎㅎ — 손애숙

중고샵에 가니
내가 좋아하는 LP가 모두 싼값이 매겨져 있다.
나이가 들었다는 거다.
하기야 요즘 『로미오와 줄리엣』을 다시 읽었는데
젊은 한 쌍 불행보다 그들 부모가 더 걱정됐다.
나이가 들었다는 거다.

↘ 36년 전 순진하고 사랑스럽기만 하던 아내의 모습은 온데간데 없고 이제는 곁에 나를 머슴처럼 부리는 순악질 여사 한 분을 곁에 모시고 있으니⋯ 아~ 옛날이여⋯ ― 김형세

↘ 유머 1번지 코너 '청춘을 돌려다오~' 임하룡 씨가 왜 "일주일만 젊었어도⋯"를 안타깝게 외쳤는지 이제는 그 나이가 되어보니 회오(會悟)하게 됩니다.
― Chung Gyu Song

↘ 공감 한 표. 제 경우도 어릴 때 영화 '지붕 위의 바이올린'을 감명 깊게 본 듯한데⋯ 몇 년 전 다시 보면서 바로 그 결혼식⋯ 결혼 당사자 입장에서 봤을 그 장면을 부모 입장에서 보며 나도 모르게 눈물을 흘리고 있더라는⋯ '♪선 라이즈 선 셋⋯' 제 기억보다 훨씬 아름답고 감동적인 장면⋯ㅎㅎ ― 박성서

아내와 시골집 문제로
심각하게 대립하던 나는
도저히 오늘은 안방 한 침대에서 잘 수 없다고
결론을 내렸다.
베개를 꺼내 어두운 서재로 가
간이용 침대 위를 더듬다가
깜짝 놀랐다.
아내가 먼저 와 있었다.

↘ 역시 사모님이 한수 위십니다. ― 박재련

↘ 일어나자마자 제일 먼저 하는 일이 [집콕일기] 시리즈 펼쳐보기에욤~ㅎ
　― Sabina Gaeul
　　↘ 남의 일기를 훔쳐보는 좋은 습관을 가지셨군요. ㅎ ― 웅크라

↘ 결국 동침하셨군요?? ㅋ ― Chung Gyu Song
　　↘ 동치미국물 먼저 마시지 마세요. 獨침했습니다. ㅎ ― 웅크라

↘ 같은 마음 같은 생각.^^ ― 이인숙

어젯밤 자다가 깨보니
아내가 없었다.
깜짝 놀라 찾아보니 거실에 나가
창밖을 내다보고 있었다.
"당신 왜 그래?"
"별똥별 떨어지기 기다리고 있어요."
"무슨 소원을 빌려고?"
"제발 남편 코 좀 골지 않게 해 주세요."

↘ ㅎㅎ 그 별은 옛날에 져서 지금은 없다고 잘 설명해 드리세요~^^ — 김기형

↘ 하느님도 난감하시겠어요. — Myung Jin Hwang

↘ 저 역시 몇 해 전 긴 여행 중에 자다 깨어 보니 행방불명된 아내가 물도 없는
  욕조에서 자고 있어 왜 그러고 있느냐 했더니 내 코고는 소리가 천둥번개 치는
  것 같아 피난갔다는…?! — 김형세

아내가 외출에서 돌아와 한참 시간이 지났다.
고마워 어쩔 줄 모르고 칭찬해 줄지 알았는데,
웬걸, 집안 대청소와 설거지 한 걸
모르는 눈치다.
결국 참지 못하고 몰라준다고 불평하자 아내 왈,
"왜 그래요… 집안일이란 아무리 해도
생색이 안 난다구요. 이제 아셨수?"

↘ 정답입니다~ — 황순애

↘ 그저 웃지요~~~^^ — 이인숙

↘ 내 모습을 보는 것 같아 공감이 팍~ — 김형세

↘ 이제 아셨죠. ㅎㅎㅎㅎ — 권○애

↘ 그래서 저는, 사용한 진공청소기를 일부러 눈에 띄는 곳에 세워두고 아내가 돌
   아올 무렵 괜히 부엌에서 고무장갑을 벗으면서 나오는 방법을 씁니다. 흐흐흐~
   — Jun Seop Ahn

어젯밤엔 아내가 뭐라고 말하는 도중
잠들어 버렸다.
아침에 아내 불평이 대단하다.
"당신, 연애할 땐 내가 뭐라 한마디만 해도
그걸 곱씹느라 밤을 지샌다고 했는데,
이젠 내가 뭐라 반마디만 시작해도 곯아떨어져욧?!"

↘ 원체 잘못하셨네요. ㅎ — 김성련

↘ '다 그런 거지 뭐 그런 거야 그러길래 미안 미안해' 하고 윤항기 씨 노래가사 뒤
　에 잠깐 숨으세요. — 김인상

↘ 공감 200%! ㅎㅎ~ — 맹만재

↘ 자장가처럼 들리니 쉽게 잠드셨군요. — 김호일

남편의 건강을 위해
화학사료 먹인 가축의 고기,
튀김, 농약 채소, 인스턴트 식품 등
부엌에서 추방하겠다고 선언한 지
며칠이 지났다.

아내가 묻는다.
"식단을 바꾸니 기분이 어때요?"
"나? 배가 너무 고파 어지러워~"

↘ 웃고 시작하는 한 주간입니다~~~ㅎ — 최지숙

↘ 그래도 다 계획이 있을 겁니다. 아내는 무오류의 존재입니다. — 농부형표

↘ 사모님 몰래… 햄버거 세트 배달시켜 드릴까요?^^ — 김형표

↘ 건강 식단인데 배고픈 이유는? 기분 탓~ㅎㅎ — 용석근

오늘 우리집 창가에
새가 한 쌍 날아와
파르륵거리며 논다.
'매일 먹이를 줘서 꼬셔 볼까?'
'새는 기억력이 3초라는데 또 찾아올까?'

나는 잉꼬새 부부 한 쌍이
금슬 좋은 이유를 알 것 같았다.

↘ 기억력 3초! 제가 그래요. 그래서 난 행복하구나! ― 이지영

↘ 새는 잔머리 굴릴 시간이 없을 듯하네요! ― 김완식

↘ 선생님의 글이 너무 재밌습니다. ^^사모님과 함께 나이아가라폴에서 처음 뵈
   었는데… 그땐 그냥 두 분이 멋져 보였습니다. 아내와 함께 캐나다 일주 하시
   는 모습이… 이렇게 재미있으신 분인지는 몰랐습니다.^^ ― Jongok Kim

↘ 순간순간 부부임을 잊어버리는군요. 영원한 애인처럼…ㅋ 기억은 병이고,
   잊는 것이…약…인 거 같슴닼…ㅎㅎ ― 박재문

식탁 아래에 아내의 주민등록증이
떨어져 있길래 주웠다.
사진을 보는 순간 그 옆의
생년월일 XX0419가 눈에 띄었다.
앗차! 내일이 바로 아내 생일이다.

↘ 사모님의 지혜? 머리 좋으신 사모님.^^★ — 이인숙

↘ 앗, 신의 한 수! 정말 좋은 방법이네여! — 강○춘

↘ 우하하하~ 과연 꽁트 + 드라마! — 맹만재

↘ 세월이 지나도 사모님께선 변함없는 선수이십니다! — 김형세

↘ ㅎㅎ 나는 누구인지 알지만 영원히 침묵하겠습니다. — 나종면

멜론을 깎아 먹으려 하니
아내가 뺏는다.
손자 오면 줄 꺼란다.
밤식빵 도마에 얹어 썰려니
또 뺏는다.
밥이 많으니 빵은 낼 먹으란다.
메모지에 속마음을 써서
가슴에 붙이고 살자고 해야지
아내 맘 알 수 없다.

╲ 글과는 다르게 항상 넘치는 사랑이 느껴집니다. — Sabina Gaeul

╲ 사모님께서 산책을 하고 싶으신 거 아닌가요? 화이팅 하세요. — 김영호
   ╲╲ 산책은 제가 나가야죠. 속을 다스릴 때 '혼자' 산책을 나갑니다. — 웅크라

╲ 그래도 각시가 최고입니다. 늙으니 각시밖에 없네요. — 김성일

╲ 시간이 갈수록 아내의 독재는 활화산이 되고 남편의 힘빠짐 현상은 가속화
   되리니… — 강송환

아내는 부동자세로 앉아
'부동산' 뉴스만 보고 있다.
하지만 지금 우리 부부에겐
'동산'이 더 필요한 때이다.
건강을 위해
'뒷동산' 산책 나갈 시간이기 때문이다.

↳ 앞동산도 살려주세요. 함현진
　　↳ '앞동산도 좋지만, 맛동산 더 좋아했죠. 요즘도 마트에서 맛동산 찾으러
　　　산책합니다. ^^ ― 웅크라
　　　　↳ ㅋ 갑자기 맛동산 사먹고싶어요. ㅎ ― 함현진

↳ 앞동산 산책 가실 때 맛동산 챙겨 가세요~ㅎㅎ ― 용석근

↳ 맛동산 먹고 맛있는 파티! ― Dong Gwan Kim

어제 주일미사 시간에
아내가 꾸벅꾸벅 졸았다.
모처럼 내가 쓴소리 좀 했다.
그런 나는 오늘 설교말씀 생각나냐구요?
말도 마세요~
집에 와서 계속
아내 설교 듣고 있는 중입니다.

⤹ 하하하. 되로 주고 말로 받는 설교네요. — 함현진

⤹ 사모님께서 깊은 묵상 중에 계신 것을 모르고 계셨군요. — 김형세

⤹ 하나님 말씀이 너무 포근해서! 끄덕끄덕(꾸벅꾸벅이 아님). — 웅크라

모처럼 아내와 외출을 했다.
함께 치과에 간 거다.
아내가 먼저 치료를 받았다.
"아~ 하세요."
잠시 후,
"자, 이번엔 입 꼭 다무세요."
조용했다.
놀라웠다.
한마디로 입을 다물게 하다니!
치과의사, 정말 대단해!

↘ 힘든 시기에 미소를 짓게 만들어주시네요. 감사합니다.^^ ― 김수동

↘ 울 남편님, [집콕일기] 살짝살짝 엿보며 알 수 없는 미소를 짓고 있네요.
  ― 배영숙

↘ 빵 터지게 하네요~^^ 갑자기 빵 먹고 싶네요. ― 황보두분

↘ 입 잘 닫는 여자를 얻으면 진짜 행운이죠. ♥ 같은 여자가 봐도. ― Enn Ja Kim

집콕일기

나는 집밥이 제일 좋다.
요즘 특히 뷔페 갈 일 없으니
허벅지에 멍 들 일이 없어 더 좋다.
뷔페 가서 몇 번이나 음식을 갖다 먹으면
아내가 식탁 밑에서 내 허벅지를 꼬집는다.
"제발 고만 갖다 먹어요, 배 터져요."

↘ 저 뷔페 엄청 마니아인데… ㅋㅋ. 멍든 적은 아직 다행히 없지만… 그래도 공
  감 가서 빵 터졌어요. ㅋ — Sabina Gaeul

↘ 인간의 배는 생각보다 강합니다. 푸드파이터의 위는 커질 뿐, 터지지 않는다는
  진실을 믿고 싶습니다. ㅋ — Chung Gyu Song

↘ 뷔페는 최소 7번은 왕복해야 뷔페 에티켓이라고 하던데??^^ — 김형세

↘ 너무 아프셨겠어여. — 함현진
  ↘↘ 허벅지보다 마음이 더 아파요. ㅎ — 웅크라

↘ 바늘로 찌르지 않아서 천만다행. ㅎ — 수봉곽

건강 검진 결과 '심장부정맥' 증상을 조심하라고 한다.

결혼 전에 없던 게 나이 드니
생긴 증상이라고 했더니…

아내, "당신 결혼 전부터 있던 증상이에요.
나만 보면 언제나
'두근두근 심장이 뛴다'고 했잖아요."

↘ 참으로 맞는 말씀입니다! 오늘도 365대 빵으로 사모님 승!!~ ― 김형세

↘ 이 글, 잘 담아두겠습니다. 아내가 써먹을까 겁나긴 하지만. ㅎ~ ― 김영욱

↘ 나중에 저도 결정적인 순간에 써먹기 위해 스크랩해 둡니다. 그나저나… 아내
　 는 제가 사고 칠까봐 두근두근거린다고 하는데… ― 김성윤

↘ 항상 진실만을 말씀하시는 사모님! 센스 촉오!! ― 김성련

저녁 식탁에서 모처럼 와인을 한 잔 했다.
기분이 좋아져 오랜만에
서로 눈빛을 마주쳤다.
아내가, "당신 지금 무슨 생각하고 있어요?"
"나, 당신하고 같은 생각!"
"그래요? 그럼 내 생각대로
저녁 설거지 다해 주세요!"

╰ 늘 달콤한 생각은 남자 주인공~ 사모는 엽기 와이프! ― 이지영

╰ 설거지를 아직도? 요즘엔 남자들의 기본 아니에요? 전 밥도 하고 매번 먹자마
   자 설거지도. ㅠㅠㅠ ― Kyu Dae Lee

╰ 계 타셨군요. ㅎㅎㅎ ― 최정철

╰ ㅎㅎ 역시 사모님이 한수 위군요. ― 박미덕

╰ 동상이몽, 역시!입니다. ― 조원석

"여보, 오늘 아침식사,
샌드위치 or 스테이크 어떤 걸로?"
"샌드위치는 10분이면 OK,
스테이크는 엘리베이터 〉 주차장 〉 차 문 열고 〉
시동 걸고 〉 내비 켜고 〉 정육 마트 〉 고기 선별 〉
계산하고 〉 다시 주차장 〉 다시 차 문 열고…."
나, "알았어, 배고파! 샌드위치 무조건 OK!"

↘ 스테이크 마트 가면 완성품 있어요. ㅎㅎ — 김영호

↘ ㅋㅋ… 존 말로 하실 때 알아들으셨어야죠? — 김상근

↘ 역시 현명한 판단을 하셨습니다. ㅎ — HongGoo Kim

↘ 사모님이 고단수 & 초고수. ㅎ — 설다민

건넌방 장롱 속 옛날 물건 정리하다가
고교 앨범 뒷장 사이에 낀
빛바랜 시간표 한 장을 발견하고 웃음이 떠올랐다.
화요일 7과목 시간표가 그랬다.
"지 · 독 · 한 · 영 · 국 · 기 · 생."

↘ (참고: 7과목은 지리, 독어, 한문, 영어, 국어, 기술, 생물.)

↘ 그땐 그랬죠? 시간표만 보면 지루한 시간의 연속이었을 듯~ ㅎㅎ ─ 용석근

↘ 학창시절 추억을 떠오르게 해주셔서 감사합니다. ─ 김영호

↘ 학생들에게 웃음을 주는 시간표, 기막히네요. '지독한 영국 기생'.
  ─ Byungdon Chae

↘ 저도 아스라히 고등 때 월요일 시간표가 생각나네요. 그때 그 선생님들은 다들
  잘 계시는지. 영,미,일,국,사.체,음,실 이 생각나네요. ─ 김인상

↘ 시간표 첫머리만 써놓았지요! 책도 나누어 얇게 쪼개기도 했답니다. ─ 이지영

쌀밥, 소고기, 미역국, 백설기,
수수팥떡, 인절미,
송편, 국수, 과일….
이상은 [집콕일기] 百日상 차림임.
하여튼 100일 기념으로 쉬어야겠다.
오늘 하루 일기 안 쓰기로 결심하니
엄청 여유롭다.

(참고: 위 내용은 [집콕일기] 100회 째 올린 내용임)

↘ 백일 동안 살아있어 주어 축하합니다. 위험한 위기 넘어갔으니 돌상도 차려야
   겠어요. ㅎ^^ 덕분에 웃음 가득한 날들이었답니다. — 이지영

↘ 100일 동안 더 많은 열정과 번뜩이는 크리에이티브가 가득하심이 부럽습니
   다. 축하 축하해요. — 김강용

↘ 수수팥떡 인절미 차려놓고 진짜 백일잔치 하고 싶습니다! ㅎㅎ — 정선진

↘ 덕분에 힐링하는 나날입니다. 오늘은 푸~~욱 쉬십시오! — ㅎ 박충배

↘ 100회 기념 푸드 쿠폰을 드립니다~^^ 이천 하이닉스 앞으로 지나실 때가 있
   으시면 세상에서 제일 맛난 순대국 대접할게요~^^ — 홍기영

044

아내가 밟을까 걱정되어
구석에 밀어놓고 잔 안경,
아침에 보니 여지없이 깨졌다.
안전하게 구석으로 돌아 나가려다 밟았다고….

조심스런 부부 사이 뜬금없이 사고치고
엉망인 듯 부부 사이 보기보다 행복하다.

↘ ㅎ '행복하다'가 '항복하다'로 선명하게 보이는 까닭은?
　　지금도 시력은 1.5. ㅠㅠㅠ — 김석호

↘ 부부란? 칼로 물 베기, 발로 안경 밟기. — 김상근

↘ 서로의 배려가 이리 될 수도 있군요. — 용석근
　　↘부부 사이 이리 될 수도 있고, 승냥이도 될 수 있고… ㅎ — 웅크라

↘ 카드 긁으실 때가 됐어요. ㅎㅎ. '앵경' 만드는 동안 두 분이 커피 한 잔 쪽~
　　— 권기범

↘ 아무리 생각해도 멋진 글, 공유해 가겠습니다. — 김영욱

탕탕탕!
쏴쏴쏴!
쿵쿵쿵!
우리 아파트 윗집
연장 목록을 완전 파악했다.
망치, 장도리, 톱, 전동드라이버, 뻰치…

↘ 저도 윗집 공사로 인해 2주 고생했던 기억이 있어서 공감됩니다.
　　— 심두리

↘ 고생 많으시네요. 저는 옆집 정신적 문제 여자 땜에 한밤중에 소란 피우고 있
　　네요. 2년 가까이 이사 가길 간절히 기도 중입니다. 힘내세요. — 김영호

↘ 선생님의 머리카락이 윗층으로 솟아오르겠구먼요… ㅋㅋ — 한혜승

요즘
"당신 사랑해!"라는 말이 잘 안 나온다.
그래서 아내가 좋아할 만한 대체어로
"당신 말이 옳아!", "당신이 최고야!" 중에
고르라고 했더니…
아내가 곧장 "당신 사랑해!" 같은 말은 없냐고 묻는다.

↘ 여자는 나이 들어도 여자랍니다.
　"사랑해"라는 말 자주 해 행복하게 해 드리세요~~~ ─ 임현숙

↘ '싸랑해♥'도 있어요! ─ 김상근

↘ 남자들 그 말 잘 못하죠. ㅎ ─ 김성련

↘ 사랑한다고 당장 해드리세요~~^^ ─ 김진태

↘ 받아들이셔요~^^ ─ 박성현

내가 결혼하지 않았다면
잔소리를 빙자하여 집안에서
나의 일거수일투족을 알려주는
소중한 아내를 내 어찌 만날 수 있었을까.
다만, 그녀가 완벽주의자가 아니었다면
'완벽한 아내'가 되었을 텐데….

　↘ 형님! 유머 코드와 사실 코드가 좀 헛갈립니다요! ― 김상근

　↘ 멋진 글, 다른 곳에 출처를 밝히고 전해도 될까? ― 강영욱
　　↘ 예, 꼭 맘에 드는 몇 개 정도만… ㅎ ― 웅크라

048 집콕일기

아내가 점심 약속 함께 가잔다.
남편 데려온다고 뭐라는 째째한 친구들 없단다.
나는 째째한 친구 많다.
모여 뭐 하냐구?
우린 별로 말 없다.
술 마시며 상대가 무슨 얘기 해주기 기다리다
그냥 엄청 즐겁게 헤어진다.

↳ 상대편 얘기를 잘 들어주시는 인자하신 분들 모임인가 봅니다.^^ — 김완식

↳ 째째하게 굴지 말고 가슴을 쫙~ 펴라 내일을 해가 뜬다. 내일은 해가 뜬다. — 용석근

↳ 우리 마눌님 친구들은 왜 남편 데리고 오란 소리 안 하나? 나도 가면 밥값은 하고 올 텐데… — 김상근

↳↳ 나는 늘 그쪽 밥값 냈음, 밥값만 내면 되는게 아님, 그쪽 긴 얘기 잘 듣고 있어 줘야 함. ㅎㅎ 리액션에 충실해야 함. 가끔 배꼽 잡는 판토마임, 탁자나 손뼉도 한번 쳐주고, 물 한모금 마시다 너무 웃겨 잘못했으면 뿜어버릴 뻔한 연기 등 고루고루 섞어 눈치채지 않게 다양한 맞짱구의 창의성을 보여주어야 합니다. ㅎ — 웅크라

페북을 여니 "1년 전 내 추억 보기"에
오늘부터 만 보 걷기, 1주 1권, 저염과 채식을 결심했다.
오늘은 여기에 하나를 덧붙이고 싶다.
"하루에 한 번씩
아내의 뒷모습 조용히 바라보기"

↘ 뒤따라가셔요. ㄱㅋ — 동섭최

↘ 뒷모습 조용히 바라보기~ 여러 가지 이유가 있을 텐데… 존경? 사랑? 애잔함?
　ㅎㅎ — 김용범

↘ 그 무엇보다 가장 아름다운 모습이지요. — 하필승준

↘ 선배님 만보 걷기는 아직도 계속이신가요? — kyu Dae Lee
　↘↘ 평균 7천 보 정도 유지합니다. 후배님, 요즘 '지오아재' 활동 궁금.
　　 — 웅크라
　　↘↘↘ 코비드19를 핑계로 집콕에 넷플릭스 끼고 지냅니다.^^*
　　　 — kyu Dae Lee

58

오늘, 어버이날, 손주들이 몰려올 예정.
아내는 일찍 집안을 치우고 있다.
"어차피 어질러질 건데 왜 정리하는 거요?"
"손주들이 와서 얼마나 즐겁게 놀았는지는,
얼마나 난장판 어질러 놓고 갔는지 보면
알 수 있거든요."

⤷ 저도 청소 마치고 손녀 입장 대기 중입니다. ― 한종주

⤷ 얼마나 예쁘고 즐거우시면 그러시겠어요. 삶의 기쁨이죠…^^ ― 김형세

⤷ 난장판 결과 - 최초 정리 상태 = 잘 논 정도. ㅎ ― 김성련

나는 마트나 수퍼에서
첫눈에 좋으면 좀 비싸도 그 물건 산다.
이때 아내는 한마디 한다.
"당신 같은 타입 딱 질색예요!"
솔직히 말해 나도 나 같은 타입 싫어한다.
그러고 보니 싫어하는 것이 같다.
우리는 천생연분?

ㄴ 늘 미소 머금게 하는 짧은 지혜~ — 신영희

ㄴ 하하 천생연분이라고 해야 하나요. ㅋ 빵 터짐요. — 김수남

ㄴ 저도 그런 타입인지라… ㅋㅋ — 이지영
  ㄴㄴ 저도 그런 타입인데. ㅎㅎ — 이재평
    ㄴㄴㄴ 위 두 분 소개팅시켜 드려도 될까? — 웅크라

엊그제 남편 생일 챙기느라 고생한 아내에게
어젯밤 맥주 한 잔 따라 주었다.
안주는 오징어 땅콩뿐.
잔을 비우자 땅콩을 한 줌 집어
아내의 손바닥에 떨어뜨리며 말했다.
"언젠가는 이만큼의 다이아몬드를 사주고 싶어."

↘ 오, 로맨틱하세요! — 김평강
　↘↘ 상대방이 틱! 틱! 거리긴 하죠. ㅎ — 웅크라

↘ 넘어가셨나요? 형님 그 말씀에… — 김상근
　↘↘ 땅콩 크기는 좀 오버였던 것 같음. 안주로 '잣'을 준비해 다이아몬드 얘기
　　한다면 확실히 넘어갈 듯. ㅎ — 웅크라
　　↘↘↘ 다음번엔 아몬드를… — An Namil

↘ 기발한 조크! 애정 듬뿍! — 맹만재

↘ 어찌하면 이런 대접을 받을 수 있는지요? 부럽부럽! — 김성련

↘ 홍콩에서 배 들어오면~~ ㅋㅋ — 신관웅

하기야 30여 년 당신이 한 일이
그것이었죠, 웃음 배달부!
어려웠던 그 시절 시시때때로
웃음으로 용기를
주셨죠.

사회에서뿐만 아니라
가정에서도 유머가 필요하지.
'결혼은 지옥이다'라는 프랑스
속담도 있지만, 천당 같은
가정을 만들기 위해서는
웃음이 필요해.

유머를 맛깔나게 요리하는
웅크라테스 왈

어제도 차(茶)를 마시고 싶어 왔다는 고교 후배,
아내는 아예 그에게 茶를 배워 주라고 한다.
'고기 잡아 주기보다 잡는 방법을 가르쳐 주라'는
말도 모르냐고…
아내는 내가 낚시 못하는 거
잘 알면서 그런 말을 하다니!

↘ 늘 반전에 반전이셔여… 재밌게 사십니다.
　↘↘ 미쿡 생활 오래오래 하셨든 건 아니죠? ― 전운제

↘ 손님으로 왔다고 개기지 말고 자기 먹을 茶는 자기가 끓여 먹고 가시라는 말씀
　같은디여?! ― 김상근

↘ 제가 가도 茶 한 잔 주시나요? ― 김성련
　↘↘ 한 잔은 안 드립니다. 두 잔 이상 드립니다. ― 웅크라

아내가 쌈채소로 샐러드를 만든다.
씹는 맛 보강을 위해
'인조 게맛살'을 찢어 넣으며,
"뭘로 만들었기에
자연산과 비슷한 맛을 내는지 궁금해요."
내가 알려줬다.
"'인조 게맛살'은 100% '인조 게'로 만들지."

 ↳ 인조 게는 누가 만드나요? — Chung Gyu Song
  ↳↳ 인조 인간? — 웅크라
   ↳↳↳ 정답~ — Chung Gyu Song

 ↳ 정답인데, 한 대 쥐어박고 싶게 하는 답입니다. ㅋㅋㅋ — 김평강

 ↳ 인조 게는 게살이 1%도 들어가지 않고 명태어육 또는 대구 생선살 6~70%에
   밀가루, 전분 등을 섞어 만든 것이라고 하네요. 근데 게맛이 나는 게 신기하죠?
   ㅎㅎ — 용석근

아내가 외출해
혼자 점심 준비를 해봤다.
찌개는 짜고, 콩나물은 설고, 계란찜은 탔다.
하지만 왠지 낯설지 않은 식탁이다.
집에서 늘 아내가 해줘서 먹던 요리와
별반 다르지 않아서…

↘ 아내 분을 잃고 웃음을 얻었습니다. ㅋ — Chung Gyu Song

↘ 이제 크게 혼나시겠습니다. — 김상윤

↘ 사모님께 일를 거에여. ㅎㅎ — 정재희

↘ 이런 발언 혼나요. — 배영숙

↘ 바쁜 여자에게 그리 말하심… 아니되옵니돠~~~!!!!!@ — 한혜승
  ↘↘ ㅎㅎ 아내 팬클럽이 있는 줄 몰랐네요. ^^ — 웅크라

어제 저녁에 왕모기 한 마리가
방충망에 붙어 실내로 들어오려
필사적인 노력 하는 것을 보고 모기약을 찾았다.
내 생각인데 모기를 죽이느니보다
그놈도 못 참고 가려워 죽겠을 신약을 개발,
그동안의 앙갚음을 했음 좋겠다.

﹨ 모기 사회에서 '백신 개발'하라고 데모 할듯… — 김영욱

﹨ 매일 비타민 먹는 것보다 [집콕일기]가 더 좋습니다. 이제 집밖일기로 이어지
면 좋겠습니다. — 전귀향
﹨﹨ '집 나가면 개 고생'이란 말도 있고 해서…ㅎ — 웅크라

﹨ 하하하 최고의 복수네요. — 함현진

﹨ 모기는 군대 모기…죠. 야상도 뚫고 쐈다는~~ ㅋ — 홍기영

나는 정치적 혼란기 때 데모로
경찰에 끌려가는 시련도,
군사정권의 언론탄압과 IMF 역경도 겪었다.
그런데 아내가 오늘 아침,
빨랫감 하나 늦게 내놨다고
"당신은 도대체 인생의 쓴맛도 모르는 사람!"이라니.

↘ 억울합니다. ㅠㅠ ― 김성련

↘ 잘못하셨음을 순순히 인정하시는 게 좋을 것 같습니다~^^ㅎ ― 김기형

↘ 너무 재밌습니다. ㅋㅋㅋ~~!! ― 김영희
　　↘↘ 너무 좋아하지 마세요, 너무 편들지 마세요. ㅎ ― 웅크라

어제, 아내가 줄무늬 티셔츠를 사왔다.
"디자인이 좀더 진한 청색이었으면
좋았을 껄 그랬다."고 하자,
당신이 진정 그게 소원이라면
곧 찐한 청색 줄무늬를 보게 될 거라며
아내가 선글라스를 내게 씌워준다.

↳ 아내분께서는 다 계획이 있었군요~ㅎㅎ — 용석근

↳ 사모님이 PD가 됐다면, 선배님보다 더 훌륭한 PD가 됐을 것 같은데요.
— 조원석

↳ 예측불허의 부부생활, 아~~ 너무 웃겨요. — MoMo Mi Jeong Lee

↳ 청색을 써야지 깜장 선글라스는 쓰지 마시길. ㅎㅎ — 김영석

↳ ㅎㅎㅎ 선수 위에 고수! — 이지영!

세면대에서 머리 감는데
화난 아내 전화기 들고 와서
"어떤 여자가 당신 바지 자기 집에 보관하고 있다니
받아 봐요."
난 너무 당황해 조심스럽게,
"누구세요?"
"예, 5동 상가 세탁소에요. 맡겨 논 바지 찾아가세요."

↘ 다행이네요~ 그 여자 재치있게 세탁소로 위장해서. ㅋ — Chung Gyu Song

↘ ㅋㅋ 속옷은 세탁소 맡기시지 않으시죠. — 김영석

↘ 사모님의 '어떤 여자'로 시작하는 말이 재밌슴다! — 김성련

↘ 어여 찾아오셔요. — 이재평
  ↘ 후딱 갔다 오께요. ㅎ — 웅크라

↘ 육지 세탁소에서는 일일이 전화해서 바지 찾아가라고 하는지유. ㅎㅎ 제주도
  는 한 달이 넘어도 옷 찾아가라는 전화 없는디. ㅎ 오해를 불러들이는 세탁소
  아줌마 남자 내의 조심하셔유.^^♧ — 안성옥

70

아내는 늘, 내 식사량의 절반만으로도
내가 활동하기에 충분하다고 강조한다.
그렇다면 나머지 절반은 도대체 어디에 쓰일까?
내 의문에 아내의 대답,
"그야 과식, 소화불량, 비만 등으로
의사를 먹여 살리는 데 쓰이지요."

↘ 농부, 어부, 축산업자들도 먹여 살리시지나욜. ㅎㅎ — 박재문

↘ 의사는 환자를 살리고 김 선생님은 의사를 살리고~~ㅎㅎ — 용석근

어제 병원에서 진료비를 냈다.
병원도 먹고 살아야 하기 때문이다.
약국에 가 처방전대로 약값을 지불했다.
약사도 먹고 살아야 하기 때문이다.
나는 집에 와 그 약을 던져 버렸다.
왜냐하면 나도 살아야 하기 때문이다.

↘ 병원과 약국은 먹어야 살고,
    김 선생님은 안 먹어야 살고,
    살살 go go. — 곡인무영

↘ ㅍㅎㅎㅎ 뼈가 있어욥. — 이지영
    ↘ 헌데 오도독뼈라서 먹을 수 있어요. ㅎ — 웅크라

↘ 약을 던진 것인지 삶을 던진 것인지… 한 달 후에 뵙겠습니다. ㅋ
    — Chung Gyu Song

↘ 약은 드셔야 하지 않나요. — 김영석
    ↘ 먹는 게 정답인데, 의외로 저의 태도에 공감하시는 분이 많이 계십니다.
        — 웅크라

오늘은 '집콕'하는 나를
유혹하는 놈들을 적어 고발하고자 한다.
때때로 나뭇잎 속삭임 사이로 흐르는 시냇물 소리,
머릿결이 날리는 바람 부는 초원,
그리고 쉼 없이 들려오는
눈부신 햇살 속 새소리…
따위가 그놈들이오.

↘ 고발하면 원고 쪽에서 무고죄로 벌금형~ 취하하심이~ ㅋ — 류호성

↘ 유혹(?)하는 녀석들과 즐거운 날 되세요…^^ — 최지숙

↘ 계절이 알려주는 멋진 못된 놈입니다. — Sunduck Han

↘ 저도 유혹에 빠질래요~ㅎㅎ — 용석근

↘ 이놈들 귀여운 죄로 형집행 정지에 처한다! — 박우상

↘ 형수님 외출 하실 때 머슴으로 따라 나가세요. ㅎ — Kyu Dae Lee

어제 아내가 나와 관련된
사자성어를 찾아냈다.
일주일 간 집안에서 나의 행동과 인간성을
면밀히 관찰해서 얻은 결과라서
나 자신이 수긍할 거라며
두 개의 사자성어 카드를 차례로 보여줬다.
東問西答! 馬耳東風!(동문서답 마이동풍)

↘ 💩❓ 똥이 문제이군요~~ — 이영수

↘ 牛耳讀經(우이독경)이 없는 게 참말로 다행임~ ㅋ — Chung Gyu Song

↘ 옛날 sbs에서 할배와 할매가 나와서 사자성어 맞추기를 하던 장면이 생각나네
요. 정답은 '백년해로'인데…
할배 : 당신과 나 사이를?
할매 : 웬수
할배 : 아니~ 4글자로!
할매 : 평생웬수?! — 김상근

↘ 어쩌다 그렇게까지?! [집콕일기] 보면 가끔 아슬아슬합니다. — 김형세

064

내가 체리를 냉장고 깊숙이 넣었더니,
혼자 숨겨놓고 먹으려는 심뽀로
마음이 시커먼 사내라 몰아세운다.
이에 비해 아내 자신은
마음이 정말 깨끗하다고 우긴다.
하기야 매 10분마다 마음이 바뀌니
당연 그럴 수밖에.

ㄴ 아따… 그 정도 가지고 그러시면 곤란한데요.^^ 초 단위로 바뀌는 분 모시고
   사는 사람도 있슴돠. ― 김형세

ㄴ 이런 표현이 좀 그런데, 귀여우셔요. 두 분.^^ ― 박성현

ㄴ 이럴 때 시조 한 수 읊어 주시죠?
   까마귀 검다 하고 백로야 웃지 마라
   겉이 검은들 속까지 검을소냐
   겉 희고 속 검은 이는 너뿐인가 하노라~ㅎㅎ ― 용석근

어릴 적 철든 순간이 있듯이,
어제는 우리 부부 단둘이 생활 중
어느 순간에 철이 들었을까?
생각해 봤다.
'2개 중 작고 못 생긴 거 내가 먹기,
그리고 맛있는 거 아내 앞에 놓고
손 먼저 대지 않기'가
바로 그 순간!

ꜜ 이쁜 거는 이쁜 사람에게 양보, 현명한 선택입니다. ─ 전귀향

ꜜ 철들면 무거우실 텐데~ ㅎㅎ 가장으로서의 두 어깨가~ ─ 용석근

茶실에 놓을 에어컨 땜에
어제 가전대리점 다녀 온 아내,
〈L〉사 제휴카드로 결재하면 10% 할인된다며
내 지갑에서 카드를 쏙 빼내 간다.
헉! 올 여름 내내 내 계좌는
꺼억 꺼억~ 거액 거액~ 하며
슬피 울고 있을 거다.

↘ 저도 내 카드가 누구의 것인지 잘 몰라요. 핸드폰에서 카드사용 알림이 울리면
　 가슴이 철렁합니다. 호호호… ― 심상무

↘ 거액은 꼭 남의 카드로 긁는 지혜! ― 김성련
　↘↘ 巨액은 이미 去액이 되어 제 곁은 떠났습니다. ㅎ ― 웅크라

↘ ㅋㅋ 자랑이시쥬? ― 이원섭
　↘↘ 아니예유, 슬픔은 나누면 작아진다고 해서…ㅎ ― 웅크라

↘ 경제공동체 아니셔유? ― 신영희
　↘↘ 우린 지갑 자치제입니다. ― 웅크라

내가 늦잠 좀 잔다고
'일찍 일어나는 새가 벌레 잡는다.'는 말
모르냐고 아내가 다그친다.
그럼 일찍 일어난 벌레는 무슨 죄냐고 하자,
"그놈은 어제 일찍 집 나와 싸질러 다니다
새벽에 집으로 가는 놈이라
먹혀도 싸다."고 한다.

↘ 맞는 말씀! 새벽에 집으로 가는 놈은 당해도 싸네요! — 김성련

↘ 거 묘~하게 수긍이 가네요. — Kyu Dae Lee

↘ ㅎㅎ ㅋㅋ 쿵 웃다가 벽 박았네요. — 김영호

↘ 엄지 척!!! — 박병익

↘ 저도 얼릉 집에 들어가야겠습니다. — 김영석

↘ 자고로 男은 아내 말을 잘 들어야 복 받습니다 ~~ㅎ — 한남숙

아내가 부엌일 하다가 발견할 수 있게
애정 담긴 쪽지를 숨겨놓는 낭만적인 남편도 있다는
얘길 듣고,
나도 오늘, 아내가 아끼는 커피포트 밑에
쪽지를 숨겼다.
"여보, 이거 버리든지 말든지
당신 맘대로 해… 이 쪽지."

↘ 쪽지로 딴 점수, 내용으로 까먹을 듯합니다. ― 임경환
　↘↘ 저의 희망사항은 '발견에서 쪽지 펼치기 전'까지의 설레임만 간직하길
　　　바랄 뿐… ㅎ ― 웅크라

↘ 참 예쁘게 사시네요. ㅎㅎ ― 심재순

↘ 저도 한번 시도해 보겠습니다~^^ ― 이강희

↘ 지폐를 까셨어야죠. ㅎ ― 이태연

↘ 완전 고군분투 하십니다. ㅎ 노력하시는 모습 자체에 감동할 것 같습니다.
　― Kim GeeAnn

새벽에 꽃차 체험하러 멀리 떠난 아내,
내가 침대커버 정리하다가 전화했다.
"여보, 아직 침대 속에서 당신 체온이 느껴지네.
저녁 몇시쯤 돌아올 거유?"
"어머, 내 정신 좀 봐,
빨리 침대 온수매트 스위치 *끄세요!*"

↪ 빵 터졌습니다. ㅎㅎㅎ — YongJae Kim

↪ 늘 재미있는 위트에 감동합니다. — 염순천

↪ 너무 재밌습니다.^^ — Jongok Kim

↪ ㅎㅎ 에고~ 미치겠습다~ — 김용범

↪ 언제나 반전의 묘미가 있는 글~ 재미있어요. — 신영희

부부 둘만 사는 집안인데
신기한 일들이 많이 벌어진다.
화분이 깨져도, 빨래건조대가 부러져도,
액자에 금이 가도 서로 모르는 일이라고 하니
분명 집안에 '투명인간'이 함께 살고 있다.
우리는 3식구,
에고 무써워!

↘ 귀신이 곡할 노릇입니다~ ㅎㅎ — 용석근

↘ 말로만 듣던 그분이 계시나 보네요. — 하필승준

↘ 선배님 말도 안 되는 걸로 재밌게 쓰시네요. ㅎㅎ — 박영조

↘ 우리집 상황이랑 같네요. 역시 투명인간 존재감 확인! — MoMo Mi Jeong Lee

친구 집에 20년 된 '식초'가 있다고 해서
조금 얻을까 했는데, 구두쇠 심뽀 땜에 그냥 왔다고
서운해 한다.
내가, "여보, 달라는 사람 다 주었다면
20년 된 식초가 남아 있을 리 없지.
인생은 짜거나 시거나 둘 중에 하나야."

⤷ 식초는 3~5년 이상은 별 의미가 없습니다. 오히려 변했을 수도 있습니다. 진
짜 식초라면 물이 됐을 수도 있고요. 시장에서 사서 먹는 식초는 살균이 된 것
이라 신맛 이외에 특별한 효능이 없습니다. — 임경환

⤷ 달달한 차 한잔 하세요. — 심상무

⤷ 어디 산골 무너져가는 암자 찾아보면 감식초 한 단지 나올 것도 같습니다.
— Myung Jin Hwang

백신주사 맞고 온 아내가 식탁에서
샐러드 만들며
내게 부르는 대로 갖다 달랜다.
"계량 스푼! 올리브유! 발사믹 식초! 섞을 주걱!"
마치 수술 집도 의사가 도구 달래듯…
그러고 보면
아내의 어릴 적 꿈이 의사였을까?

⤷ ㅋㅋ 형님은 형수님 간호사님 ─ 김상근

⤷ 모든 분의 꿈을 응원합니다. ─ 임경환
　⤷ 어릴 적 꿈대로라면 지금 우리나라는 5천만 명 이상의 대통령이 청와대
　　에서 우글대겠죠. ㅎ ─ 웅크라

⤷ 암여. 모두가 의사죠. 내 삶의 의사… ㅍㅎㅎ ─ 전운제

응접실에서 가끔 아내는 유튜브 따라
팝송이나 가요를 부른다.
젊을 때 자신있고 낭랑한 목소리 어디 가고
불안한 음정 노랫소리 들려오면
내 마음 짠하고 멍하다.
세월이 흐르면
카나리아도 숲에서 나이를 먹겠지.

↘ 왜 오늘은 진지하신지…. 사모님 나이 드시지 말고 진지 드시게 상 차려 드려
   보세요~ ^^ — 곡인무영

↘ 나이 든 카나리아 여기저기 많아요. 여성합창 36년차도 무쇠, 구리 썩어 고장
   난 소리… 꾀꼬리는 더 일찍 고장이 납니다. — 이재영

↘ 세월 앞에 장사 없지요. ^^ — 백강기

↘ 그래도 팬들이 좋아하니 염려 내려놓으세여. ^^ — 박복준

↘ 그 옛날 '강남달', '강남제비' 등 유행시킨 원로가수 신카나리아 님이 계십니다.
   ㅎ — 동섭최

남편에게 뭔 일을 시키려는 아내,
시킬 일도 정하지 않은 채,
일단 이름부터 불러놓고 본다.
마치 군대 상관인 것처럼.
"여기가 군대냐?
집이 군대라 치면 우린 같은 날 입소한 동기다!
정말 동기끼리 이러시면 안 됩니다."

↘ 같은 날 입대한 건 맞는데 장교와 사병인 모양입니다.^^ — 곽동훈

↘ 어떡해~ 난 왜 글만 읽어도 상황이 영상지원 되는지~ — 이현정

↘ 전우애로 뭉친 부부 오늘도 파이팅~ㅎㅎ — 용석근

↘ 가정내 갑질은 물러가라! ㅎ — 김성련

↘ 입대는 함께 하셨어도 사모님께서 진급이 빠른 것이지요…^^ — 김형세

↘ 상관의 독특한 버릇인 거죠~ㅎ — Jung Hyun Han

아내는 갑자기 우리 집안에
'귀신 잡는 해병'이 필요하다고 한다.
나도 그 작전에 협조하기 위해
잠복근무 자원했지만 거부당했다.
목표는 '냉장고 귀신!'
왠지 그 귀신 잡히면
내가 잘 알 것 같은 이 느낌은 뭐지?

↘ 해병보다 요즘 주부들에게 인기인 강철부대가 필요한 듯. — Kyu Dae Lee

↘ 당분간 귀신 활동 자제 예상합니다. — 설다민

↘ 포기하세요, 해병대에서 귀신 잡았다는 말만 돌 뿐예요. — 김영호

↘ 영화 제목도 있죠. '우리집에 귀신이 산다.' 다들 그러고 삽니다.^^
— MoMo Mi Jeong Lee

↘ 이런 답글 달지 마세요. '귀신 잡은 해병 알고 보니 아내!' '냉장고 귀신 잡고 보
니 남편!' — 웅크라

어제 저녁, 아내가 그동안 참아왔던
골치 아픈 걱정거리를 내게 털어놓는다.
나는 묵묵히 들어줬다.
물을 한 잔 꿀꺽 하더니
이젠 머리가 개운하다고 한다.
어쩌나,
난 그 순간부터 머리가 지끈
두통이 시작됐는데…

↘ 들어만 주시는데 상대를 치유하시는군요~ ㅎㅎㅎ ― 함덕스님

↘ 한 짐 덜어내시고, 한 짐 받으시고, 실정법적으로는 내부자 거래인데, 무언가
　손해 본 느낌이… ― 김영욱

↘ 사랑의 봇짐 들어주셨네요. ― 한남숙

↘ 부부 걱정 총량의 법칙이 적용되는 모범적인 가정입니다. ― 임경환

우리 집 구조의 특징은 어느 구석에 앉아 있어도
해야 할 일이 눈에 띈다는 점이다.
그래서 아내는 일 때문에 앉아 쉬는 걸 볼 수 없다.
앉아 쉴 수 없긴 나도 마찬가지다.
언제나 아내의 눈에 띄기 때문이다.

ㄴ 두 분 모두 편히 지내세요. 서로 눈에 띄지 않게 편히! ― 김상윤

ㄴ 화장실이라면 어떠실지…?^^ ― 김형세

ㄴ 눈에 띈다는 것은 관심의 대상이요. ― 용석근

ㄴ 사는 냄새가 나서 넘 부럽습니다. ― 전운제

어제 장모님이 오셨다 갔다.
언제부턴가 내가 느낀 바로는
사위가 자기 딸과 결혼할 만큼
총명한 배필이라고 생각하지 않는 거 같다.
그런데 손자는 세상에서
가장 총명하고 똑똑한 두뇌를 가졌다고
자랑하는 이유는 뭘까.

↘ 손자는 엄마의 두뇌를 닮았다고 생각하시나 봅니다. — 이재임

↘ 원래 외손자가 더 예쁘답니다. ㅎ. 내 딸이 낳았으니까~~ — 박수인

↘ 사위는 남 핏줄, 손자는 내 핏줄, 장모님 닮아서… — 권오을

↘ 그 총명함이 손자에게로 갔네요~ㅎㅎ — 용석근

↘ 사위는 백년 손님 손자는 내 핏줄. ㅎ — MoMo Mi Jeong Lee

결혼생활 반평생인데,
아직 아내는 내 습성을 잘 모른다.
잠 안 올 시간에 잠자리에 들게 하고,
잠자고 싶은 시간에 일어나라 한다.
반면, 나는 샤워기 같은 아내 습성을 잘 안다.
잘못 틀면 뜨거운 물이 쏟아진다는 걸.

↘ 그렇게 익숙해지는 게 부부의 삶 아닌가요? — 염순천

↘ 긴장의 끈을 놓으시면 안 됩니다. — 하필승준

↘ 예리하십니다~ — 김영주

최근 들어 아내는 모든 의사결정권을
나와 상관없이 혼자 결정하고 행한다.
나는 용납해서는 안 되겠다 생각해
단호하게 말했다.
"앞으로 당신은 내가 하라는 대로 하시오!
여보… 허락해 주는 거지?"

↘ 암여… 독백이신 거죠? — 전운제

↘ 어째 이상합니다. ㅎㅎ — 김영석

↘ 가슴 아픈 남편들의 인생 후반전… — 강일홍

↘ 그 방책이 윤택한 삶의 지름길이옵니다. — 하필승준

↘ 빵 터졌습니다. 스탠딩 코미디 당당 금메달! 행복 사랑 가득한 웃음, 건강을 위
   한 최고의 백신입니다. — 박우상

어제 돌솥으로 처음 밥했다고 퍼준다.
맛있게 먹다가 정말 '돌'을 씹었다.
나는 깜짝 놀라 큰 소리로
"돌이 나오면 어떡해!"
아내는 침착했다.
"그럼 당신은 돌솥에서 돌 말고
진주라도 나오길 바래요?"

↘ 우히히히… 앞으론 혹시 돌이 씹히거든 말없이 조용히 뱉어버리세요. ㅋ
  — 강일홍

↘ 칼국수는 절대 잡숫지 마셔요. 칼 위험해요. ㅎ — 하필승준

↘ 빙고~ ㅎㅎㅎ 대에~바악! — 염순천

↘ 무게 중심 좀 잡으시라는 형수님의 의도일 껍니다. — Kyu Dae Lee

082

우리 집을 방문한 이웃이 함께 얘기하다 헤어질 때쯤
그들은 우리 부부 나이를 짐작해 내는 데
무진 애를 먹는 눈치다.
아내는 나이를 절대로 밝히지 않고,
나는 나이에 어울리는 행동을
절대로 하지 않기 때문이다.

↘ 역시 철이 안 드신 청년이세여. ― 함현진

↘ 나이 잊고 살면 더욱 젊어진대요~^^ ― Sabina Gaeul

↘ 열심히 촬영 다니다 호텔에 들어와 [집콕일기] 보며 혼자서 하하하. ― 김용범

↘ 여자분들 나이는 앞으로 가고, 남자분들 나이는 뒤로 가는 거 맞지요? ― 박수인

↘ 우하하… 나이 궁금한 거야말로 환장할 일이죠. ㅋ ― 강일홍

083

미용실 갔다 온 아내에게
'10년은 젊어 보인다.' 했더니,
미용사는 머리 손질 끝낸 후
'20년은 어려 보인다.' 했단다.
그래서 20살 된 조카
거기 데려가지 말라 했다.
괜히 갔다가 머리 손질 후
사라져 버릴까 봐 겁나서.

↘ 저는 갈래요… 그 미용실~~~ — Bryan Choi

↘ 저도 가고 싶군요. 20년이라~^^ — 임현숙

↘ 매일 즐겁게 해주시지만 오늘은 완존 빵 터졌어요.ㅋㅋ - 이성수

농산물 5일장에 갔다온 아내가
시장바닥에서 주웠다고 CD 한 개를 불쑥 내민다.
클래식인지 팝송인지 궁금해
CD를 넣고 버튼을 눌렀다.
굵직한 남성 목소리
"과이리 와씁니다~과이리! 싱싱한 과일이요~"

↘ 째지네요~ 대박! ^^ ― 곡인무영

↘ 하하하하하하. 영업 아이템이네요. ― 함현진

↘ 과이리~~ 오늘 하루 …자꾸 생각 날 듯해요. ― 심두리

↘ 끝내 주시네요. 웃음이 떠나지 않는 선배님 부럽습니다. ― 조원석

↘ 그 과일장사가 디지털 세대군요. ㅎㅎ ― Kyu Dae Lee

↘ 기막힌 반전, 우와아~~~ 할 말 잃음…^^ ― Bryan Choi

↘ 푸하하. 그 아저씨 새로 녹음해야 할 것 같아요. ― 박미덕

한 달여 동안 부부간 의견이 충돌한 여러 경우를 꼼꼼히
정리 분석한 결과 이윽고 해결책을 찾아냈다.
아내는 자기가 하고픈 대로 다 하게 놔두고,
반면 나는 아내의 모든 뜻을 따르는 걸 놔두기로 했다.

↘ "저는 처갓집에, 아내는 친정에, 애들은 외갓집 갔습니다~"라는 말이 갑자기
　떠오르네요. ― 송세종

↘ 참으로 현명하고, 중대한 결론을 도출하셨습니다. ― 염순천

↘ 예상하긴 했지만 탁월한 선택입니다. ― 남기창

↘ (남자의 일생) 일평생 튼튼한 둥지를 만들고 부리가 해지도록 먹이를 물어다
　줬어도 그걸로 생색냈다간 큰 화를 입습니다. 눈감는 그날까지 더 낮은 자세로
　봉사해야 뒤탈이 없습니다. ㅠㅠ ― 강일홍

↘ 행복으로 가는 길입니다. ― 하필승준

↘ 그래서 마느님이라 부르고 있습니다. 마님+하느님. ㅠㅠ ― 주경섭

086 집콕일기

아내가 아파트 세일 장터에서
그림을 한 점 사왔다.
유럽 어느 골목 풍경인데, 아무 매력이 없다.
"당신 그림 보는 수준이 그것밖에 안 돼요?"
"아니 이 액자 멋있지 않우,
어머님 사진 넣어 드릴려구."

↘ 음, 심오하신 뜻! — Kyu Dae Lee

↘ 아뿔싸, 한방 맞으신… ㅎㅎ — 함현진

↘ 늘 사모님이 한수 위시군요? ㅋㅋㅋ — 박수인

↘ 기막힌 반전! ㅎㅎ~ — 맹만재

↘ 아내분께서는 다 계획이 있으셨군요? ㅎㅎ — 용석근

아내가 베란다 박스에 다리를 올리고,
다른 쪽은 화분 받침대에 걸친 채
머리는 땅에 닿을 듯한 자세다.
'요가나 건강체조가 경지에 이르렀구나.'
감탄할 순간, 자세 풀더니 뭔가를 내민다.
"여보, 드디어 열쇠를 찾았어요."

↘ 건강도 찾고 열쇠도 찾고. — 용석근

↘ 선생님의 유머코드가 저를 때립니다. ㅎㅎ — 최현

↘ 사모님은 원더우먼! 집안의 여왕님? — 김성련

088

집콕
일기

아내에게 돈을 헤프게 쓰지 말라 했더니,
자신은 가계를 위한 절실한 지출인 데 반해
남편이야말로 멍청한 낭비를 한다고 반격한다.
예를 들어, 2년 전에 비싸게 사놓고
아직 한 번도 써본 일이 없는
'소화기' 보라니, 허참!

＼ 사모님 가슴에 불을 지르세요. ㅎㅎ — 권기범

＼ ㅎㅎㅎ~ 정말 안 웃을라 했는데 ~ — 육재명

＼ 소화기는 안 쓰는 게 버는 거지요~ㅎㅎ — 용석근

＼ ㅎ ㅎ 소화기에 1승 하셨네요. 한바탕 웃고 갑니다. — 김영호

＼ 소화기 쓰면 안 되죠. 가끔 흔들어는 줘야 분말이 굳지 않는다네요. — 김성련

＼ 소화제를 사셨으면 한번은 드셨을 텐데… ㅎㅎ— 하필승준

"저녁은 뭘로 할까요? 라면요, 닭이요?"
"당신 좋은 거면 나는 상관없소."
"아뇨, 선택하세요."
서너 번 같은 대화가 부엌을 오가다가
"그럼 라면으로 합시다."
그러자 아내가 닭요리 내오며
"짠~ 당신이 진짜 바라던 요리!"

↘ 선택은 늘 어려운 일. — 곡인무영

↘ 닭요리를 준비하시고 물어본 것 같은데요~ㅎㅎ 눈치 좀 채시지~ㅋ — 용석근

↘ 이미 결론 내놓고 왜 질문을? — 김성련

↘ 여자들의 반어법이랍니다. — 이지영

↘ 그냥 주는 대로, 뜻대로, 하삼. — 류호성

↘ 닭국물에 라면 넣어달라 하셔요~ 제법 먹을 만하답니다~ — 신세영

오늘 미용실 갔다 온 아내의 머리에 대해
일체 말하지 않기로 했다.
저녁 내내 약속을 지키다가
결국 취침 전에,
"부인, 지금이라도 돌아가세요.
아내가 올 시간인데 와서
낯선 여자와 함께 있는 걸 보면 뭐라겠어요."

↘ 정말 대단한 위트입니다. ㅋㅋㅋㅋ — 이선욱

↘ 엄청 대박 웃겨요!! ㅋㅋㅋㅋ — 김평강

↘ 대단하신 멘트네요. 최고입니다. — 김영호

↘ 그 미장원 어디죠? 피해 다녀야죠. — 김성련

↘ 사모님께서 웃으셔야 할 텐데… 부디! — Myung Jin Hwang

↘ 재미집니다~~♡ — 심두리

"당신 요즘 들어 술을 더 많이
마시는 이유가 뭐예요?"
"몸속 '걱정근심'을 익사시키려고…"
"그럼 작전에 성공했나요?"
"유감스럽게도 그놈은 날 놀리고 있어.
마시면 마실수록 '걱정근심'은
헤엄을 더 잘 쳐!"

↪ "걱정을 해서 걱정이 사라지면 걱정이 없겠네."라고 하는 티벳 속담이 생각나
네요~ ㅎㅎ — 용석근

↪ 알콜 철학이네요. — 류호성

집에 놀러온 손자 두 명이 시끄럽게 떠들며
숨바꼭질하는 걸 본 아내가
"할아버지 계신데 좀 조용히 놀아라, 정신없다!"
그때 소파 뒤에 숨었던 내가 머리 들며
"여보, 미안해. 나 때문이야,
이번엔 내가 숨을 차례거든."

↘ 추억을 주시는 할비 사랑!~ 하하하하 — 김경희

↘ 멋쟁이 할배! — 염순천

↘ 손주랑 노는 재미는 안 해본 사람은 몰라요. 사랑이 철철 넘치는 게 보이는 듯
　하고요. 이게 천국이지 하는 생각이 들지요. ㅎㅎㅎ — Kyu Dae Lee

↘ 최고의 할아버지이십니다!♡♡♡ — 김형세

햇볕이 약해지는 시간을 택해
늘 산책을 하곤 했는데,
어쩐지 오늘은 아내가
산책을 쉬고 싶은 생각이 반쯤 있다고 했다.
그래서 나도 이런 제안을 했다.
"쉬고 싶은 생각의 나머지 반은
내가 채울 테니 오늘은 쉽시다!"

　↘ 半成으로 完成을 하셨네요~ ― 곡인무영

　↘ 두 분의 따스한 부부애가 돋보입니다. ― 박숙희

　↘ 오늘 야식 추천은 반반하게 생긴 반반치킨 강추합니다~^^ ― 심재강

　↘ 역시 제대로 만나신 인생의 반쪽 부부 맞으십니다. ― MoMo Mi Jeong Lee

연극 보러 가자 하니
아내는 요즘 연극 매력 없단다.
남자가 원하면 여자는 원치 않고,
여자가 원할 때면 남자가 원치 않다가,
둘 다 원하면 막이 내리는 뻔한 스토리라고.
어라~ 우야꼬 내 인생
나는 그 순간 시작된 건지 알았는데,
그 순간 막이 내렸뿐거네.

⤵ 너무 잘 맞아떨어지면 더 이상합니다. 연극하는 거 같아서. — 임경환

⤵ 그게 삶의 과정. — 박영환

⤵ 비밀로 하이소. 내 인생 그때부터 시작했다는 비밀 말입니더 .ㅎㅎ — 강희주

⤵ 그동안 보아온 말씀도 진리였지만 오늘 말씀은 성서에 버금가는 진리입니다.
　　그게 인생입니다!!! 최고입니다. — 박현국

⤵ 연극 막이 내리는 순간, 인생은 시작. ㅋㅎ — 류호성

오늘도 그저 무덤덤한 반찬,
짜지도 맵지도 달지도 않다.
식탁 위엔 밥도둑이 한 가지도 안 보인다.
내가 투정하면
이런 밥상이 건강엔 최고라고 한다.
'서툰 요리사가 건강한 삶을 지탱하는 들보'라니,
나는 복 터진 놈.

﹨ 짜다고 하면 "그래야 맛있어."
　싱겁다고 하면 "그래야 건강에 좋아."
　제 전법과 같으시군요. — 임경환

﹨ 복은 터졌어도 밥 먹는 재미는 없으시겠습니다. — 김상윤

﹨ 가끔 군것질 하세요. — Kun Hyoung Lee

﹨ 어찌 꼭 제 모습입니다. — 조원석

중학생된 손녀가 왔다.
대화 중 내가 이해 못할 은어나 유행어를 쓴다.
'오저치고', '많관부', '알잘딱깔센'.
나??? 도저히 대화가 안 된다.
질세라 나도 한마디 했다.
'어이모' (어쩌면 이렇게 모를까?)
손녀???

↘ 통역문. 오저치고 : 오늘 저녁은 치킨 GO. 많관부 : 많은 관심 부탁드려요.
　　알잘딱깔센 : 알아서 잘 딱 깔끔하고 쎈스있게. ─ 웅크라

↘ 따라가긴 가야 하는디 우짜노. 시상이 나를 내삐릴라 카네. ─ 박화실

↘ 우와 한글이 자꾸 진화해서 하나도 모르겠어요. 진짜 이러다가 우리 세대는 손
　　주들과 번역기 달고 대화해야겠어요~ ㅎㅎ ─ 조영옥

↘ 이렇게 어려운 단어를 어떻게 외워서 사용하지요?! 파퓨아 뉴기니아 언어보다
　　어려운데… ─ 김형세

↘ 자막처리 해야할 판, 심각해요! ─ 염순천

며느리에게 안부 전화가 왔다.
덧붙여 요즘 들어 손주 놈이
눈·코·입 모두 할아버지(나)를
쏙 빼닮아 가는 것 같다고 한다.
내가 웃으며 말했다.
"너무 걱정하지 마라.
점점 자라면서 점점 달라질 테니
안심해도 된다."

↘ 안심해도 된다? 반어법이죠? ― 김성련

↘ 지혜롭고 사랑스런 며느님이군요! ^^ ― 김형세

↘ 점점 달라졌다가 원상회복되는 건 아니죠?^^ ㅎㅎ ― 수봉곽

098

큰형님이 주말에 동해안 갔다왔다며
지나는 길에 들렀다.
"햇볕에 얼굴이 많이 타셨네요.
건강해 보여 좋은데요."
"말 마라. 해변 물가는 모든 게 비싸서
해수욕장에서 공짜로 할 수 있는 일은
일광욕밖에 없더라구!"

↘ 방콕이 제일 싸요~ ^^ — 이광빈

↘ 형제분이 모두 예능감 뿜뿜!! — 강희주

↘ 강릉 경제도 좀 살려주셔야지요~ — 염순천

↘ 우리나라 해변은 다 국유지나 지자체 공유지 아닌가요? 그럼 아마도 자릿세는
   불법이겠지요? — Myung Jin Hwang

↘ 일광'욕'만 하셨다면 욕보신 거 아닙니까? 적고 나니 이건 좀 썰렁하네요. ㅋ
   — 남기전

맥주 한잔 하다가
아내가 고교 때 담임 별명 얘기를 꺼냈다.
전임 온 날,
"내 별명은 '독사'예요. 떠들면 용서 않겠어요!"
그 말 듣자 나는 번개처럼 생물 선생님이 떠올랐다.
독사의 천적인 그의 별명,
이름하여 '땅꾼!'

↘ 학교마다 '독사'라는 별명을 가진 쌤이 한 분씩은 있었나 봐요. 우리 학교 수학 쌤이 그랬거든요~ ㅎㅎ 그에 반해 '땅꾼'은 대박 별명입니다~ ㅎㅎ ― 용석근

↘ 독사와 땅꾼, 지금 그분들 어디서 무엇을 하고 계실까유! ― Chang Soo Kim

↘ 우리 땐 교련 선생이 독사였는데 저와 독대하면 독도 없어 보이고 서글서글 하던데. ― 권기범

↘ 학교마다 뱀 한 마리 정도는 기본인데… 저희 고등학교에는 살모사, 백사, 악어, 온통 파충류가 가르쳤어요… 저도 그때 배운 파충류계 외계어 몇 마디 할 줄 압니다. ― Myung Jin Hwang

호랑이콩 한 바구니를 놓고 까다가
졸음을 못 이겨 깜빡 잠이 들었다.
문득 깨보니 같은 자세로 콩은 손에 들려 있었다.
일 끝낸 후 이상한 낌새 눈치 못 챘냐고
아내에게 물었다.
"당신이 요란하게 코만 골지 않았다면
물론 몰랐겠죠."

↘ 완전범죄 실패, 그러나 유쾌한 부부. ― 설다민

↘ 무지 피곤한데 한판 웃고 나니까 살살 풀립니다~ ㅎㅎㅎ ― 김용범

↘ 예전 친정 아버지께서 편지 쓰다가 잠이 드셔 놀렸던 생각이. ㅎㅎ
   ― Junghye Elizabeth Park

↘ 나이 탓이니 무죄입니데이. ― 강희주

"웃음은 끝도 없이 계속되는
일상의 지루함에서도 살아남아
정말 신나는 인생을 살아가게
한다. 웃음은 항상 인생을 더
즐겁게 하는 은총입니다."
조앤 치티스터 왈왈.

"웃음 앞에서 세상의 모든 규칙은 무용지물이 되고, 계급과 신분이 평등해진다." 코헬렛 왈왈.

"난 당신이 하는 말 중 절반은 이해가 안 돼요.
내 두뇌는 당신이 얘기하고자 하는
정작 중요한 건 무시하고,
잔소리에만 반응하게 세팅된 것 같소."
아내, "걱정 말아요. 늘 주요 메시지를
잔소리 속에 숨겨 전달하니까요."

↘ 세상에 고수는 늘 있습니다!! ― 조영수

↘ 그게 남자와 여자의 차이점이지요. 남자는 결과로 여자는 과정으로~^^
　　― 심미정

↘ 어제 꿈에 나오셔서 최병서, 최양락 등 코미디언들과 촬영을 하고 계시더라고
　　요. 김PD님 연기자들에게 별로 잔소리 안 하시던데요. ㅎㅎㅎ ― 함현진

↘ 방심하시면 아니되십니다요. ― 하필승준

↘ 마누라의 절대진실은 잔소리 속에 있더군요. 공감합니다. ― 김현구

↘ 여자들이 쓰는 약 잔소리, 명약이라 검증되었다죠.^^ ― MoMo Mi Jeong Lee

집콕
일기

두 개의 망고 중 내가 먼저 큰 걸 집었더니,
아내는 어찌 그럴 수 있냐고 기분이 상했나 보다.
자신이 먼저 집었다면
예의를 지켜 작은 걸 택했을 거라고….
내가 웃으며, "지금 결국 그런 결과가 됐는데
뭘 그리 흥분하는 거요?"

↘ 아마 사모님도 큰 걸 골랐을 걸요. ㅎ — 김성련
　　↘↘ 이건 비밀로 하시죠. ㅎ — 웅크라

↘ 그럴 땐 잘 깎아서 사모님 드리려고 그랬다 하셔야죠~ ^^ — 김형세
　　↘↘ 접시에 잘 깎아서 먹으라고 놓고, 냉큼 내가 또 큰 조각을 집으면 째려보
　　　　겠죠. 역시 그때도 "집어주려고 그랬다." ㅎ — 웅크라

아내에게 '기적'을 설명 중이다.
"3층에서 떨어졌는데 말짱해! 이 경우를 뭐라 하지?"
"운 좋은 놈."
"다시 떨어졌는데 또 말짱해!"
"억세게 운좋은 놈."
"세 번째 떨어졌는데 역시 말짱하다면?"
"이번엔 그놈이 연습한 덕분 아닐까요?"

ꙍ '기적은 없다!!'네요. ㅎㅎ ― Sangdae Park

ꙍ 스폰지로 둘러쌌든지, 낙하산 타고 뛰어내렸든지, 더 이상 요행은 아니됩니다.
   mission impossible에서도 사전준비. ― 김효열

아내는 어젯밤 꿈에 1억 원이 생겨
은행에 가는 꿈을 꿨다고 했다.
"어? 나는 열대과일 뷔페식당 꿈이었는데 혼자였어."
"아무리 꿈이지만 아내에게 전화라도 해봐야죠."
"물론 했지, 당신 은행에 가야 돼서 바쁘다고 끊던데."

↘ 꿈도 공유하시는 케미 부부. ― 염순천

↘ 로망과 현실의 갭! ― 김성련

↘ [집콕일기] 1번으로 돌아가서 다시 봐야겠어요. 중독성이 있네요. ^^
― EunSook Bae

우리는 연애결혼을 했다.
그런데 지인들이 아내에게 물으면,
부모님 뜻 받들어 중매결혼 했다고 종종 대답한다.
이유를 물으니 황당한 대답을 한다.
"내 스스로 당신 같은 남편을 택했다고
생각하고 싶지 않아서 그래요."

↘ 지금부터라도 잘 하심이… — 염순천

↘ 그렇게 정직?하게 표현하고 사시는 모습!! 좋은 겁니데이…♡ — 강희주

↘ 울아버님은 자기 딸이 연애결혼했다고 말하기 남사스러우시다고 중매결혼으
　로 거짓말하셨어요. ㅎ — 김애옥

↘ 본심이 아니실 거예요. 너무 섭하게 생각지 마세요~^^ — 신세영

↘ 여자들 맘속을 읽으셨네요, 빙고! — 신명숙

↘ 알고서도 결혼했고 속아서도 결혼했어요. 그래서 끝까지 산다오. ㅋㅋ
　— Jongseung Lee

외출에서 돌아온 아내에게,
"여보, 내가 저질러 놓지 않은 일에는
싫은 소리 않기로 했지?"
"물론이죠, 저지르지 않은 일인데요."
"고마워, 나 아직 '청소' 안 했거든."
"뭐라구요? 그건 당신이 크게 한 건 저지른 거죠!!"

↘ 자수하여 광명 찾자~ㅎㅎ 미리 자백했으니 선처가 있을 거예용~ㅎㅎ
  — 용석근

↘ ㅋ 큰 사고~ — 신현영

↘ 지략입지요… ㅎㅎ — 하필승준

↘ 벌칙으로 취침 전까지 하루종일 대청소,
  검사 필 후 취침. — 박해만

오늘 200회째,
이백(李白)의 시구(詩句)를 조합해 써봅니다.

하늘 보고 껄껄 웃다 문밖을 나서니,
나더러 왜 [집콕]하냐고?
빙그레 웃으며 대답 않고,
손 들어 은하수 더듬다
아차 실수로 직녀 베틀 건드렸네,
어쩌나, 천국 사람 놀랐겠네.

　　↘ 정기구독 회원입니다. — 임경환
　　　↘↘ 아마 유료라면 다 나가뿔고, 그야말로 9명만 남아 9讀회원 되겠죠. ㅎ
　　　　— 웅크라
　　　　↘↘↘ 唯獨회원까지 버텨보겠습니다. — 임경환

　　↘ 저도 정기구독 100회 연장입니다. — 중독자 이재영

↳ "[집콕일기] 200회" 축하드립니다!! 300회를 위하여~♡ — 주영하

↳ 정기구독자가 은하수만큼 많사옵니다. — 이지영

↳ 한땀 한땀 글을 잘 보고 미소를 짓습니다. — 황종선

↳ 200회 저도 열심히 응원합니다. <유머 1번지> 극성팬이었거든요.
　지금도 김PD님 웃음코드의 코미디가 그립습니다. — Seo Il Seok

↳ 은유, 반전, 조크 가득한 세상을 봅니다. — Jeong Tae Park

↳ 어쩐지 오늘 글의 수준이 많이 고급스럽습니다. — 이○기
　↳↳ 李白, 200… 그래서 이백의 詩 흉내 한번 냈을 뿐입니다. 뱁새인 제가 어
　　찌 황새 따라가려 하겠습니까. ㅎ — 웅크라

↳ 詩仙의 풍모가 나타납니다! — 김성련
　↳↳ 이백의 詩에서 벌이 이 꽃 저 꽃에서 조금씩 꿀을 따듯 따온 겁니다. ㅎ
　　— 웅크라

"아욱국 맛이 어때요?"
"아닌데!"
"실은 시든 아욱으로 끓였어요."
"이 커피 맛은 어때요?"
"아닌데!"
"실은 한 달 지난 원둔데 아까워 내려봤어요."
내가 "좋은데!"라고 반응하는 순간,
아마 아내는 최고의 재료라 말할 거다.

↘ 아내느님 음식은 항상 최고일 뿐입니…. — 류동헌

↘ 저는 선생님이 어떠한 분이신지 알고는 있었지만 지금의 선생님은 제가 지녀
  야 할 한 권의 참고서랍니다~^^ — 고창덕

↘ 저희 부부와 닮았다 하면 죄송하구요. 닮고 싶은 Model입니다.
  — Jongseung Lee

↘ 맛나네요, 재치글이. — 김현구

↘ 저도 선생님을 따라해 보겠습니다. 인생의 지침서 재밌게 보고 있습니다.
  — 김진권

가끔 허리가 쑤시고, 목이 쉬고,
바지 주머니가 해지는
해괴한 궁금증이 풀렸다.
어제 귀연 손주 셋이 왔다갔다.
말 태워주고, 공 굴려 놀아주고,
맛난 거 사주려고 지갑 자주 꺼내다 보니
미스터리가 풀린다.

ㄴ 미소가 지어지는 할아버지의 위트에 마음이 훈훈. — 이인숙

ㄴ 손주들 사랑하는 마음에 잠시 멘붕이 됐었습니다.^^ — 김완식

ㄴ 손주들은 마력이 있나 봐요. ㅋ — Jongseung Lee

ㄴ 진짜 미스터리. — 지평사

ㄴ 손주? …느낌으로는 아직 젊은이 같으신데… — Bryan Choi

"아무리 건강식 조리법도 좋지만 맛도 있게 안 되우?"
"그럼 불평만 말고 아내 '요리솜씨' 좋게 해 달라고
기도나 하세요."
그래서 난 간절히 기도했다.
아내가 해준 음식 뭐든지 참고 먹을 수 있는
인내의 은혜 달라고.

⤵ 김 피디님, 이러다 굶을 수도 있습니다. ㅋㅋㅋ — 김평강

⤵ 어쨌든 이유 불문코 나는 웃으랍니다. ^ 김용원

⤵ 어느 날 전유성 선생님께서 연락도 없이 갑자기 오셨기에 점심 준비가 안 되어
"간단히 떡국이라도 끓여 드릴까요?" 했더니 하시는 말씀 "안 주는 데도 있는
데요, 뭐!!"~~~ — 박수인

⤵ 인내는 쓰지만 그 열매는 달다고 하네요.^^ — 김완식

집안 청소를 하려니 힘들고 땀 난다.
젊었던 시절엔 아내에게
거짓말 전화 한 통이면 만사 OK였다.
"여보, 퇴근 때 선배 모시고 집에 갈 예정이거든."
그날 선배는 작전상 집에 안 왔지만,
집안은 반짝거렸고, 특식은 덤!

↘ 용감하셨네요. ^^ — Oswald Yoonho Kim

↘ 혹여 사모님이 이것을 보시면 염라대왕으로 변신?? — James Jeong

↘ 잘 생각하니 우리집 양반도 가끔 그런 적이…ㅜ — 심재순

↘ 이그그… 지금까지 별일없이 지내고 계셔서 참 다행이십니다.^^ — 김형세

↘ 그 시대 때나 가능했죠. 언감생심 손님을 모시고 집에 가다니요. 택도 없는 소
  리입니다. ㅠㅠ 게다가 선배가 사정이 생겼다구요??? 삼박사일 걸레 물고 다
  녀야 함다. — 주경섭

마트는 고맙다. 무더위에 운동시켜 줘서.
수박을 들었다 놨다, 살까 말까,
너무 비싸 포기하고 가려다
다시 한 덩이 들었다 놨다.
팔뚝에 근육이 붙는다.
매장 내 착한 가격 찾느라 만보기 숨 가쁘고
끝내 '수박바' 한 개 들고 귀가.

 ↘ 올 여름 수박이 좀 비싸 3만5천원이 넘는…. 하지만… COVID-19로 휴가비
　　절약된 돈으로 시원한 냉장수박 사서 잡수세요. ― 김형세

 ↘ 눈물나게 공감되는 서민들의 일상 아~ . ― 염순천

 ↘ 오랜 기간 [집콕일기]로 인해 코로나도 변덕 심한 날씨도 잘 이겨내고 있습니
　　다. ㅎ ― 박충배

 ↘ 알뜰구매 하셨네요~ㅎㅎ ― 용석근

 ↘ 이거 너무 반전이 강렬해 잊혀지지 않아요. 수박 볼 때마다 떠오를 것 같아요.
　　너무 웃겨요. ― MoMo Mi Jeong Lee

후진하다 부딪혀 카센터에 왔다는
아내 전화다.
그런데 수리공이 작업하며
'나는 행복합니다'라는 곡을 계속 콧노래로 부르고 있어
엄청 짜증난다고 했다.
나는 눈치 챘다.
우리의 교통수단이 그의 생계 수단이라는 걸.

↘ 정비사 참 눈치없네요. ㅎㅎ — 김영호

↘ 명작입니다. — Kun Hyoung Lee

↘ 남의 불행이 나의 행복!이네요.^^ — 김완식

↘ 날씨 땜에 우울했는데 갑자기 빵 터져 웃는 소리에 저도 놀랐습니다. ㅎㅎ
   — 고창덕

↘ 사고나라! 고장나라! ㅎ — 김성련

↘ 전기차를 싫어하던데요? ^^ — 감성아재

127

절친 아들이 시골교회 목사로 있다.
내가, 뙤약볕에서 하루종일 땀흘리다
예배에 온 교인들을 위해 설교 짧게 해야겠다고 하니,
그 반대란다.
설교 듣는 동안 모든 교인이 자기 때문에
피로를 풀게 아주 길게 한다고.

↘ 정말 은혜가 샘솟는 시골교횝니다~ — 곡인무영

↘ 그렇게 깊은 뜻이… — 김영욱

↘ 안락의자로 바꾸고 의자마다 베개도 갖다 놔야. — 최성민

↘ 군복무 시절 군목께서는 15분 이상 설교하면 군장교, 하사관, 사병 그리고 민
   간인 모두 졸거나 잔다고 여겨 15분 이상은 설교하지 아니함. 15분 설교는 과
   학적인 근거에 의한 것으로 판단됨. — 홍성남

↘ 목사님의 긴 설교시간에 푹 자면서 꿈속에서 주님 만나지 않을까요. — 김형세

↘ 훌륭한 배려의 목사님. 잠 잘재우는 분이 촉오입니다. — 이지영

그나마 우리 부부가 남 보기에 행복해 보이는
삶을 사는 비결은,
집안의 큰일은 내가 결정을 내리고
자질구레한 건 전적으로
아내 결정을 따르기로 한 약속 때문.
하지만 결혼 후 지금까지
큰일은 단 한 건도 없었다는 거.

↘ 방금 자랑하신 겁니다. — 김기형

↘ 아무 탈 없이 행복하게 잘 살으셨다는 자랑으로 알겠습니다. — 박해만

↘ 큰일 생겨봤자 작은 큰일이쥬.
　작은 일은 작은 일, 큰 일도 작은 일. ㅎ — 강희주

↘ 굿! 결혼인생의 포인트입니다. — 김현구

우리는 '큰일'이 벌어지면 내 담당이고,
사소한 일은 아내 담당이다.
근데 드디어 '큰일' 하나가 발생했다.
우리 집 앞 119소방서 대형 간판에서
'1'자가 하나 떨어지는 사고였다.
대단히 '큰 1'이었다.

↘ 그 1에 치였다면 정말 큰일났겠습니다. ― 곡인무영

↘ 와! 진짜 대형사고! 소방서의 "1"자가 떨어졌으니 〈19〉금이네… ― 김영욱

↘ 1이 떨어지면 1 9 '아이구'네요. ㅎ ― Jinkyu Park

영화 '광복절 특사'를 보다가
아내가 뜸금 없이 큰집 조카가
교도소에 있다는 얘길 꺼냈다.
난 깜짝 놀라 걱정스레 말했다.
"어떻게 무슨 일로 교도소엘 가게 됐대?"
"시험 봐서 들어갔대요. 거기도 경쟁률이 쎘나 봐요."

↘ 반전이 멋져요. 깜짝 놀랬습니다.^^ — 신영희

↘ 아니! 교도소도 시험 봐서 들어가나요? 삼성 이재용도? 이재용은 사장이지, 사
  장 뽑을 때 들어갔나? — 한종주

↘ 때론 거두절미하고, 말하는 우리네 습관으로 오해가, 소통의 교점이 없는 때가
  종종 있는 것 같습니다~ 항상 위트 있는 글 잘 보고 갑니다. — Chang Eun Su

↘ 제 사촌형님도 시험 봐서 교도소로 갔지요. ㅎ — Jinkyu Park

"'여보 사랑해요' 문자를
'여보 사망해요'라고 보냈다는데, 웃기죠?"
"엊그제 당신이 내게 똑같은 얘기 했어."
"그래요, 벌써 치매가 왔나?"
"여보, 치매 예방엔
독서, 茶, 외국어 공부가 최고라 하더라구!"
"그러면 찻집에서 영어책이나 읽어볼까?"

↘ 찻집에서 영어책, 최고의 처방입니다. — 김성련

↘ 좋아하시는 음악도 많이 들으시고 흔들흔들 딴쓰도 추시고요. 즐거운 마음이
   최고의 예방약이라고 얼마전에 배웠습니다. ㅋㅋ^^ — 김민주

↘ 초등학교 1학년 때 하셨던(?) <그림일기>도 좋답니다. 머리를 많이 쓰기 때문
   이랍니다. — EBS '명의'

↘ 치매방지용 고스톱이 최고죠. 그것도 세 가지를 한 번에! 대화 가능하죠, 계산
   해야죠, 상대방 판도 봐야죠. — 김영호

요즘 불면증 증상에서 벗어나고 싶은데,
TV '무엇이든지~'에서 처방을 알려준다.
걱정거리나 걱정 요인을
절대 침대로 가져가서는 안 된다고 한다.
큰일이다.
아내가 내 옆에서 멀리 떨어져 자려고 하지 않을 텐데
어떡하지?

↳ 부부가 같이 자는 것만으로도 200점! 함께 자면 체온이 1도 높아져 면역력 강
　화에 최고라고. — 김성련

↳ ㅎ 팔자려니 하고 인내로 버티세요~ 혹여 어설픈 시도로 영면에 드실까 염려
　스럽습니다. ^^ — MoMo Mi Jeong Lee

↳ 아내가 들으면 우짜노… 귓속말로 가만히 말하셔유. — 강희주

↳ ㅋ 쉿 ㅎㅎ 사모님 깨셔요. — 함현진

아내는 마술 천재다.
방금 맛있고 귀한 먹거리가 보였는데
어느새 없어졌다!
도대체 어디로 사라진 거냐고 묻자
손자 손녀 주려고
'수호천사'가 보관했단다.

늘 하늘을 향해
입맛만 다시는 내 신세!

↘ 사랑은 내리사랑이라지요.^^ — 김완식

↘ 심심한 위로를 드립니다. ㅎ — 김기형

↘ 이제 보이는 대로 팍팍 드세요~ — 김용범

↘ 눈물 찍어 바르고 간절하게 사정해 보세요. ㅎㅎ — 동섭최

주례 부탁하러 제자가 집에 온다고 하니
집사람이 손사래를 치며 만류한다.
쌓인 빨랫감, 흩어진 응접실, 떼어놓은 커튼…
절대 불가라면서 손가락으로 X자 표시를 한다.
나는 〈결혼 후 가정〉이라는 현장 교육에
더없이 좋은 찬스라는 생각이 들었는데!

↘ 50년 숙성시킨… 가정의 모습이오. ㅎㅎ — 박재문

↘ 저는… 제자분 초대할 꼬예요. 그리고 바깥양반에게 제자가 도착하기 직전까
지 집안 정리를 아주 정중하게 명령할 꼬예요…ㅎ — 한혜승

'돼지와 개가 싸우는 꿈'을 꿨는데,
돼지꿈인지 개꿈인지 아내가 묻는다.
나를 골탕 먹이려는 질문 아닐까?
그래서
'이상한 사람은 정신과에 가야 하나, 치과에 가야 하나?'
먼저 대답하면 해몽해 주겠다고 난국을 피했다.

↘ 물을 잔뜩 싣고 달려가는 불자동차는 불자동차인가요, 물자동차인가요?
  — 김정환

↘ 읽는 맛이 쫀쫀해요. 쿵! 하면 짝! 하시니. — EunSook Bae

↘ 난국은 다음에 다가올 듯이요. 그 질문 이후 뒤돌아서는 사모님의 굳은 의지
  서린 표정이 그려집니다. 존버~~!! — James Jeong

↘ 개꿈이라 해야 하는 이유는 돼지꿈으로 알고 뭔가 기대했는데 하루종일 별일
  없으면 서로 괜히 쓸데없이 미안하게 되지만, 개꿈이라고 별일 없을 것처럼 이
  야기했는데 좋은 일이 생기면 인간의 망각곡선 때문에 무사히 넘어갈 수 있습
  니다.^^ — 류동헌

아내가 풀벌레 우는 소리 들어보라 한다.
나는 풀벌레 '웃는' 소리라고 했다.
어찌 인간만 웃음을 갖고 있다고 하는가,
풀벌레라고 '웃음'을 갖지 말란 법 어딨나?
나는 귀뚜라미 '웃음'소리 듣고파
들창문을 활짝 열었다.

↘ [집콕일기] 읽고 자려고 기다리고 있었어요^^. 귀뚜라미 웃음소리^^ 표현이
아주 운치 있어요. ^^ — Jinseon Park (독일 거주자)

↘ 전 '풀벌레는 몸을 찢어가면서 운다'고 했는데, '풀벌레가 배꼽잡고 웃는다'는
표현도 괜찮을까 모르겠네요. — 안주봉

↘ 저에게는 항상 짝을 부르는 사랑의 노랫소리로 들립니다. — Jinkyu Park

↘ 문틈에서 웃는 귀뚜라미가 예쁩니다. — 김완식

↘ 선생님의 가을은 명랑하겠네요. 귀뚜라미 웃음소리에 바스락거리는 풀들의 합
창까지 더해져~~~ 웬지 올가을은 덕분에 저도 즐겁고 유쾌한 가을이 될 것 같
습니다. 감사합니다~~~^^ — 유정숙

오늘 아내가 냉장고 이용에 관한
잔소리를 내게 심하게 해댔다.
이때 나의 원칙은 한 번 꾸지람에
세 번 칭찬으로 아내에게 갚기로 한 것이다.
'좋은 일은 모래에 그려지고,
나쁜 일은 바위에 새겨진다.'
하지 않았던가.

    ↘ 그 어려운 걸 해내시네요.^^ ― 류동헌

    ↘ 관세음보살~ ― 심미정

    ↘ 역시! ― 정재희

    ↘ 그냥 냉장고 청소를 싹 해주세요. 아님 새로 바꿔 주시든가. ^^ ― 김용원

아내는 아들과 통화는 짧다.
반면 오랜 통화 땐 딸과 얘기하는 게 틀림없다.
내가 궁금해 내용 물으면
아들네는 사연과 사건이 많아 해결하는 데 힘들었고,
반면 딸네는 별일 없어 안부만 묻고 끊었다는데
대화량 이해불가!

↘ ㅎㅎㅎㅎ 여자語라고 모르시나 봅니다~^^ — 심미정

↘ 아인슈타인께서 일찍이 상대성 이론이라고 설파했네요. 시간의 길이는 상대에
  따라 길쭉날쭉하다고. ㅎ — 김성련

↘ 주역에 지금은 천지의 기운이 음으로 가는지라 여자세상이라고 생각해야 한
  다네요. 다시 모계사회로 가는지도 모르지요. 그게 지구의 순리에 더 맞는 게
  아닌가 생각이 들고요. — Jinkyu Park

↘ 범접할 수 없는 분들의 대화에 존경심만 보내시면 됩니다.^ 2~3시간 통화 후
  에 중요한 건 만나서 이야기하자.^^ — 김용원

식탁에서 아내는 먹는 양, 방법,
순서까지 시범을 보인다.
그렇게 먹어야 몸에 좋은 식사법이라 한다.
자식 키울 때 썼던 양육방법을 이젠 내게 적용한다.
그렇다면 설마 나를 남편이 아닌 자식으로 생각?
아닐 꺼야.

↘ 찬스예요, 엄마야! ~~~라고 부르세요 — 박수인

↘ 부럽습니다. 아직 관심이 크신 듯… "우호적 무관심"이라는 말도 있던데.
— 김영욱

↘ 60년 해온 양치질을 잘못한다고 지적당했어요. ㅎㅎㅎ — Sangdae Park

↘ 아마도, 지극한 애정의 표현? 사랑받고 계십니다~^^ — Ransoon Jeong

↘ 원래 남편은 막내 아들이라고 하던데요!! 반면 케어도 해야 하니 늙은 자식도
됩니다. ㅎㅎㅎ — 김완식

↘ 머슴보다는 그래도 자식이 낫습니다. ㅠㅠ — 주경섭

나와의 논쟁에서 이기는 법을
아내는 '요리'에서 터득했다.

군더더기를 잘 씻어내고
반으로 갈라 본질을 파악한 후,
내 주장이 옳지 않다고 잘게 썰어,
그 위에 다진 마늘과 고춧가루를 확 뿌려
영양가 높은 승리를 완성한다.

↘ 한 편의 詩입니다!^^ ― 제성제성

↘ 글이 참 맛있어요! ― Ransoon Jeong

↘ ♠눈이 번쩍~ 하! ♠ ― 한남숙

↘ 맛있는 글입니다. 많이 드십시오. ㅎㅎ ― 송희숙

"아내 말에 무조건 복종하는 돌쇠가 되든지,
열정에 강한 변강쇠가 되든지…
그런데 당신은 집안의 근심덩어리 애물덩어리도 모자라
웬수덩어리가 됐어!"
하며
쪽박으로 내 머리통을 내리치는 바람에
깜짝 놀라 잠에서 깼다.

⮑ 산재신청하세요. 극본을 너무 많이 읽으셨나 봐요. 저는 길을 가는데 롯데타워
　가 저한테 넘어와서 손으로 잡고 무릎으로 쳐올려 바로 세우는 꿈을 꿉니다.
　그 꿈을 꾸고 나면 허리와 무릎에 통증을 느낍니다. 딸내미가 "아빠 어벤져스
　고만 보세요." ㅎㅎㅎ ― 임경환

⮑ 꿈은 반대라잖아~ 쪽박은 대박인 거야!! 야호. ― MoMo Mi Jeong Lee

⮑ 그래도 쪽박인 게 어딥니까? 저는 프라이팬으로…ㅠㅠㅠ ― 박재련

⮑ 내가 외출 후 마누라가 현관문을 안 잠그는 것만도 엄청 행복해요. ㅎ ― 김현구

"당신이 책벌레유? 제발 나랑 얘기 좀 해요.
책에 대한 애정을 보면 제 자신이 책이 됐으면
더 좋았겠다는 생각이 들어요."
"굳~ 여보, 그럼 반납하고
신간으로 바꿔올 수…
(갑자기 내 눈앞에 번개 번쩍!)
…없겠네!"

↳ 애프터서비스 기간 지남. — 김영석

↳ ㅋㅋㅋ 신간 교체라구요? ~~^^ 고서적이 비싼 줄 모르시나 보네~~^^ — 심미정

↳ 근데, 쌤. 이러시고도 온전하신 걸 보면 놀랍습니다. 이건 유머가 아니라 싸타
이어! — 유영대

↳ ㅋㅋㅋㅋ 매를 벌어요. — 염순천

↳ 이번엔 쫌 쎄셨네여. 아이쿠 ~ 우짜노… — EunSook Bae

"꿈에 당신이 진주 목걸이와 빨간 루비를 선물했어요.
이 꿈 길몽이겠죠?"
"궁금하지, 내가 1~2일 내에 알게 해줄게."
아내는 '서프라이즈' 기대하며 들뜬 표정이다.
나는 곧장 인터넷에서 책을 한 권 주문했다.
그 책은 "꿈의 해석".

↘ 프로이트 = 뽀록힛트 = 한 방 빗 맞은 안타. — 황의택

↘ 오늘도… 매를~ 선택하셨군요~~~ㅋ — 홍기영

↘ 어떻게 이 위기를 벗어나시려나 걱정됩니다. ㅎㅎ — 이민원

↘ 태몽일 수도~^^ — Nam Mija

내가 묻는 것에 한 번도 모른다고 한 적이 없는 아내,
어떤 퀴즈대회 나가도 큰소리 탕탕 칠 것 같다.
그런데 딱 한 가지 모르는 게 있다는데…
뭐냐 하면 '왜 나하고 결혼했는지'
그것만은 진짜 모르겠단다.

﹀ 그걸 물으시다니… 불경이옵니다. — 유동환

﹀ 누구나 수수께끼! 홀림 주의보! ㅎㅎ — 박수인

﹀ 그때는 콩깍지. 지금은 열딱지. ㅋㅋ — 김용원

﹀ 남편들에게는 오답, 아내들에게는 정답. — Jinkyu Park

﹀ 연애할 때 누구에게나 허용되는 유일한 정신병. — 이○기

﹀ 그땐 그랬고, 지금은 음…? — 박화실

지엄한 대학 선배가
옥수수 한 배낭을 짊어지고
집에 오셨다.
'문과대학 50주년 총동창회'로 다녀온
1박 2일이 아주 특별했다고…
그 이유는, 끝나고 남녀 동창들이
별 탈 없을 거라며 남녀 구분 없이
한 방에서 자구 왔다구 ㅋㅋ

↘ 그야말로 뭐 별일 있겠어요? ㅋㅋㅋ ~ — Ransoon Jeong

↘ 이른 아침 방문 열고 나오는 남자들의 표정, 그것이 궁금하다. — 박해만

↘ 아이고 아까워, 세월이 야속타~^^ — MoMo Mi Jeong Lee

↘ 남녀 7세 부동석, 남녀 70세 합동석. — 한남숙

↘ 한房을 한방!에 보내시는군요. ㅎ — 하필승준

↘ 별탈? 그것이 알고 싶다. ㅋㅋㅋㅋ — 염순천

여행지를 제주도로 바꾼 것도,
아들 이사 날짜 옮긴 것도,
잡곡밥만 먹기로 한 것도 모두
남편인 내 동의하에 결정했다고 한다.
"오핶니다, 난 그저 아내 얘기가 듣기 지루해
졸다가 고개를 몇 번 떨군 죄밖에 없다구요!"

↘ 여자말을 들으면 자다가도 떡이 생긴다니까요. ㅎ — Jinkyu Park

↘ 세계평화를 지키신 겁니다. ㅋㅋ — 진두선

↘ 저도 기도한 죄밖에 없더라구요. — 하경호

↘ 다들 그러고 겨우겨우 산답니다.^ — 김용원

↘ 담생엔 꼭 이런 성향으로 살렵니다. 이기고 지는 게임이 아니라 진정한 위트
   와 배려감으로 살 겁니다. — 전운제

왕년엔 목욕탕에서 가슴에 힘을 주었는데,
요샌 배에 힘주고 있다.
왕년엔 비박 차박 즐겼는데,
요샌 새벽공기 두려워 실내 온도 챙긴다.
왕년엔 일기 한 번 써본 적 없는 내가
'페북'에 또박또박 일기 쓰고 있다.
하루가 또 간다.

↘ 나도 모르게 [집콕일기] 읽다가 집콕버전으로 빠져든다. ― 오금택

↘ 어디든지 힘 팍팍 주고 사는 게 장땡입니다. 세상 그까이거~~~ ― 조영옥

↘ 생각의 한 보따리 들고 갑니다. 감사합니다. ― 김영호

↘ 잊고 있는 기록을 다시 상기시켜 줘서 좋습니다. 페북 고마워! ― 박수인

"여보, 오늘 아침 신문 어디 갔지?"
"그거 쓰레기 싸서 버렸어요."
"어? 살펴볼 게 있었는데…"
"내가 이미 잘 살핀 후 찌꺼기만 싸서 버렸어요."
"나 참, 읽지도 않은 신문을 기레기 아니 쓰레기로
버리다니!"

↘ 많이 버릴수록 삶은 가벼워지고 자유는 커진다. < 파리에선 그대가 꽃이다.>
　 중에서 ─ 이윤희

↘ 종이신문 보시면 스트레스 받으실까봐 사모님께서 정리하셨네요. ─ 김영호

↘ 찌꺼기만 골라버렸어요~에 절창처럼 무릎을 탁 칩니다. ─ Jakyung Won

↘ 쓰레기를 싫어하듯, 기레기도 싫어하시는군요. ─ Jinkyu Park

이건 정말 개인적인 얘긴데,
참다못해 아내에게 제발 요리학원 좀 다니라고 했다.
근데 어제 학원 등록한다고 해서 너무 기뻤다.
알고 보니 한 번만 더 반찬 투정하면
던져 버리기 위해
유도학원 등록하겠다고 한다.

﹂ 요리에 관해선 입 막고, 눈 막고, 귀까지 막고 3년! 하셔유~ — Chang Soo Kim

﹂ 웃음이 폭발해 버렸습니다.^^ 유도학원 등록 전 먼저 요리학원 등록해 옥체보
　존 하시기를.^^ — MoMo Mi Jeong Lee

﹂ 아이고, 몸조심 하세요~~^^ 유도학원서 요리도 가르치면 좋은데 요즘 부캐가
　유행이라~ㅎㅎ — 조영옥

﹂ 살아남으려면, 주는 대로 드시와요. — 전인규

﹂ 조심하세요. 누르기, 조르기 한판에 아주 갈 수도. ㅎ — 김성련

추석 송편을 했다고 손자가 왔다.
용돈을 주며
"뭐든 성공하려면 밑에서부터 하나씩
차근차근 올라가야 한다."고 하니,
"그러면 우물 팔 땐 어떡하죠?" 되묻는다.
지놈이 할아버지 지혜의 금자탑을 단칼에 저격한다.

↘ 탐구심이 대단한 손자~ 이뻐용.ㅎㅎ — 박기옥

↘ 크게 될 손잡니다. — 백강기
  ↘↘ 물론 어린 손자니까 앞으로 계속 크겠죠. ㅎ — 웅크라

↘ 靑出於藍而 碧於藍 손자의 한판승. — Byungdon Chae

↘ 단칼에 꼰대. — 강희주

↘ 똑똑한 손자, 행복한 할배. — 김효열

연휴 때 집안의 무기 체계가 드러났다.
나는 포병 훈련병 가끔 뻥뻥!
아내는 최정예 보병 따발총 사격수!
아들은 전자전 원격 조정병!
딸은 심리전 적진 침투 레이더 교란 후
따발총 사격수 지원 공동 승리 쟁취하더군!

↘ 드론을 좀 쓰시지 않고요. — 이태연

↘ 편이 없네요, 3 : 1. ㅋㅋ — 동섭최

↘ 무서운 가족입니다. 덕분에 북의 남침 의욕이 억제되고 있다는 사실. ㅎㅎㅎ
   — 박재련

↘ 따발총이문 고조 조 위쪽 분이신가 봅네다. — 하필승준

↘ 고군분투 생존기 응원합니다.^^ — MoMo Mi Jeong Lee

집에 온 딸은 내가 유머를 말하면,
말하는 도중에, 끝날 때, 숨은 뜻을 이해할 때,
이렇게 3번 웃는다.
아내는 내가 유머를 시작하자마자 못하게 막는다.
어차피 안 웃을 게 뻔한데,
에너지나 아끼라고.

ᄂ 내 딸이고, '남'편이기에 다른 것이지요.^^ — 김형세

ᄂ 가족은 일단 정상 작동하는 걸로 보이네요. ㅎㅋ — 동섭최

ᄂ 제가 유머를 하면 친구들이 술로 제 입을 막던 시절이 있습니다. 그때 술이라
도 실컷 마셔뒀어야 하는 건데. — 황의택

ᄂ 나태함이 엿보입니다, 아내를 위해 연습을 더하십시오. — 이태연

ᄂ 제 처는 어제 한 이야기 또 해도 웃는데… — 박재련

'모조리 법칙'이란 추석명절에 아들 딸 식구들이 와서
모조리 먹고, 모조리 마시고, 모조리 싸가는 법칙이라고
아내가 웃었다.
나는 걱정 돼서
"내일 아침 우리가 먹을 건 있소?"
"그럴까 봐 조금씩 모조리 남겨놨어요."

↘ 엄마(母)가 조리한 음식은 母조리다 맛있죠.ㅋ — 이재윤

↘ 역행하며 모조리 남겨두고 살아오다 서운함 쌓이게 한 딸로서, 모조리 법칙이
  능력자 부모에게는 보람이란 거 인정. — MoMo Mi Jeong Lee

↘ 이 글 읽는 분님네들 모조리 행복하십시다. — 이경주

↘ 내용이 모조리! 재미씀다. — 김성련

↘ 욕심 많은 자식, 모조리 가져가서 모조리 버릴 수도~ — 전귀향

연애 때 '솔직하고 직선적'인 성격이
맘에 들어 결혼했는데, 이젠 그게 싫다.
차라리 모래 위 발자국처럼 지워버리고 싶다.
그런데 어제 아내가 어쩐 일인지
'신랑이 내 생애 최고의 복권'이라는 얘길 듣고
그 성격 영원하길 빌었다.

↘ 800만 분의 1 싸나이. ― 김용원

↘ '당첨' 축하합니다! ― 류동헌

↘ '신랑이 내 생애 최고의 복권', 최고의 찬사~ ― Junghye Elizabeth Park

↘ 아시죠? 부부는 '로또'라는 거. 그 긴 세월 맞추고 또 맞추어봐도 어찌 그리 안
   맞는지요. ― 이윤희

↘ 바보. ― 나종면

↘ 아멘! ― 하필승준

아내가 쑥빛 체크무늬 원피스를 사왔다.
왠지 내 맘에 안 든다.
"그걸 예쁘다고 골랐수?
물건 고르는 눈이 나보다 없는 게 확실해!"
아내가 응수했다.
"맞아요, 그래서 당신은 나를 골랐고,
나는 당신을 골랐잖아요."

ㄴ '되로 주고 말로 받기' 몸소 체험~^^ — 최상일

ㄴ 정곡을 찔러 선혈이 뚝뚝… 처참하시네요. — 김경미

ㄴ 왠지 무지개가 많이 떴다 사라집니다.~ — 이지영

ㄴ 어휴~ 듣던 중 가장 송곳 치명타! — 이원섭

ㄴ 99승! 그러나 헉! 당했다. 마지막 결정적 KO패~ — 김효열

ㄴ 막상막하, 장군멍군, 난형난제, 용호상박, 갑론을박, 막무가내, 백중지세, 호각
   지세 다 필요 없어요. 아무도 모르게 완패! — 윤선달

카톡으로 현관 밖 사진이 왔다.
현관문 열고 택배를 챙겼다.
물 한 잔 달라고 책상 위 빈 생수병
사진 찍어 아내에게 카톡으로 보냈다.
바로 갖다 놓고 갔는데 빈 물컵이다.
이어 '까똑! 까똑!' 문자가 도착했다.
'물은 셀프!'

꾳 셀프가 주류가 된 지 얼마나 되는지 연구해 봐야겠네요. — Jinkyu Park

꾳 self가 물도 되고, 주유도 되고, 세차도 되고, 또 무엇이 될까? — 이태연

꾳 시아버지 : 새아가야 물 좀 다오.
   며느리 : 아버님, 요즘 물은 셀프입니다.
   시아버지 : 헐ㅋㅋㅋㅋ — 심재순

꾳 SNS를 Self 활용하시는 첨단 부부님. ^^* — Kyu Dae Lee

해외 유명인사의 황혼 이혼 뉴스를 보는 아내에게,
"여보, 만일 우리도 이혼한다면
재산을 어떻게 나누지?"
"그야 간단하죠, 내가 트럭에 모든 짐을 싣고 떠날 때
혹시 길에 떨어지는 게 있으면
그게 당신 몫이죠."

↘ 저는 팬티도 아내가 사줘서 벌거벗고 나가야 할지도. ㅎㅎㅎ ― 김유열

↘ 떠나는 트럭에서 그나마 통장이라도 떨어지기를⋯ ― Ingyu Jung

↘ 트럭 기사 내리게 하고 차 몰고 가세요. 아 참, 1종 운전면허 있으신가요?
   ― 박해만

TV에서 암캐와 수캐가 나란히 가다가
암캐는 미용실로, 수캐는 이발소로 들어갔다.
아내는 훈련받은 IQ 높은 개라고 놀랬다.
내 관점은 달랐다.
암캐는 미용실 개, 수캐는 이발소 개라서
자기 집 찾아 들어간 거라고.

↳ 9개월 만에 사모님과의 대화에서 처음으로 1승 하심을 축하드립니다.^^
— 김형세

↳ 꿈보다 해몽이 좋은 세상사가 가끔 있습니다~ — 박경수

↳ 자기 집에 한 표!!!~~ — 홍기영, 김효열, 최승호, 염순천 Jinkyu Park 등

↳ 혹시 안집에 동물병원이 있는 게 아닐까요? ㅎㅎ — 박해만

딸이 부추김치를 갖고 집에 왔다.
큰놈이 매일 동생을 괴롭혀 속상하다며,
윗물이 맑아야 아랫물이 맑은데 걱정이라고 했다.
내가, 요샌 윗물이 흐려도
아랫물이 맑을 수 있으니 걱정 말라 했다.
"정수기 물 봐라!"

ㄴ 너무 재미있습니다~ ^^♡ 근데 요즘 아이들은 윗물 아랫물 할 것 없이 '고인
　물'이 최고라 합니다. — 박시연

ㄴ 명쾌! — 염순천

ㄴ Very nice — Sunduck Han

ㄴ 이젠 속담도 바뀌어야겠네요. '윗물이 흐려도 아랫물이 맑을 수 있다.'
　하이코미디 정수기~ㅎㅎ — 용석근

"여보 부인님, 냉장고에 우유 좀 갖다 주세요."
"웬일유? 갑자기 존댓말을 다 쓰구."
"고맙소. 여보, 그리고 베란다에 널어 논
양말 좀 갖다주세요."
"싫어 싫다구, 반말 써도 좋으니까
심부름시키지 마!"

↘ 어쩐 일인지 라떼가 절실하게 먹고 싶습니다. ― 박시연

↘ 에공. 작전 실패! ― 이윤희

↘ 어당팔 (어수룩한 사람이 당수 8단)입니다. ― 전인규

↘ 어째요, 들키셨네요. ― 함현진

↘ 오늘도 머리 꼭대기 올라앉기 실패~^^ ― 전찬주

이번 달 건네준 비용 확인해 보니
5천 원 부족하다고 아내가 따진다.
내가, "지난달엔 5만 원이나 더 갔는데
왜 아무 말 안 했소?"라고 지적하자,
아내는 곧바로 "한 번 실수는 내가 봐주지만
두 번 실수는 절대 안 되죠!"

↘ 인생은 낙장불입! — 곡인무영

↘ 현명하신 사모님 의문의 1승~! 흥미진진합니다.~ — 박시연

↘ 넘쳐도, 모자라도 실수는 실수… — 염순천

↘ 제갈공명 사모님이시네요. 매사에 공격의 시와 때를 아주 시의적절하게 활용
　하십니다.^^ — EunSook Bae

"당신은 항상 말끝마다
내 집, 내 차, 내 양복이라 할 뿐,
왜 '우리 것'이라는 말을 안 써요?
우리가 결혼한 이후 집에 있는 모든 것이
함께 장만한 '우리 것'인데 말이죠."
"알았어. 여보, 내가 벗어놓은 '우리 양말' 어디 있지?"

↘ 풉~! 햄버거 먹다가 5미터 앞으로 튕겨 나갔습니다. 땡큐. — Brian Myung

↘ 그래도 듣기 좋은 내 것 — 내 여보, 내 아내, 내 꼬. ^^ — 박시연

↘ 최근 성적이 부진했는데, 모처럼 오늘 사모님께 1승 축하합니다?!^^ — 김형세

↘ 아후~~~ — Jakyung Won

↘ '우리 양말'에서 졌다! 라는 탄식이. ㅎㅎㅎ — Jinkyu Park

↘ 오랫만에 효과 최고의 공격 성공하신 듯~^^ — EunSook Bae

초등 4년 손자와 영상 통화를 했다.
요샌 학교엘 직접 나가니 좋은 반면,
시험이 많아 힘들다고 했다.
"낙제생은 없겠지?"
"예, 학생은 없는데, 작년 3학년 때 담임 선생님만
낙제해서 올해도 3학년 맡고 있어요."

↘ 난감합니다. 저도 3학년 때부터 담임선생님하고 6학년 때까지 같이 올라가고
　저는 졸업하고 담임선생님은 개인 사정으로 유급하셨는데… ㅎㅎ
　— Chang Soo Kim

↘ 나이가 어떻게 됐는지, 담임선생님 엄청 유급 많이 했을 듯… — 박해만

↘ 담임선생님은 '급제'를 하셔야 할 듯…ㅎ — 박재문

↘ 요즘은 학생보다 교육자가 평가 대상이라더니. ㅠㅠ — Jinkyu Park

아내는 항상 휴대폰을 베개 밑에 두고 잔다.
내가, 전자파가 건강에 아주 나쁘다고 강조한 후,
아내 베개 밑엔 아무것도 없었다.
그런데… 오늘 새벽,
내 베개 밑에서 아내 휴대폰을 발견하고 놀랐다.
혹시 그동안 쭈~욱?

↘ 나도 요즘 뒷목이 뻐근한데… 휴대폰이 베게 밑에? ~ — Chang Soo Kim

↘ 아~~~ 예상컨대 아내님은 휴대폰에서 방출하는 전자파 자기장으로 모기들의 비행
  능력을 교란시켜 접근하지 못하도록 하려는 깊은 뜻이 있었을 겁니다. — 박시연

↘ 등잔 밑이 아니라 베개 밑이 어두웠습니다. — 최정철

↘ 스마트폰이라 덕분에 스마트해지지 않았을까요? — Kun Hyoung Lee

↘ 역시 음모론은 늘 최고의 쫄깃쫄깃한 긴장감과 재미를 주네요…
  — EunSook Bae

↘ ㅎㅎㅎ 설마가… 그럴리가요… — 함덕스님

모처럼 아침상이 잘 차려졌다.
아내가, "오늘 음식 특별히 잘 씹어 드세요."
"왜 그러는데?"
"첫째 내 음식 솜씨 음미해야 하고요,
둘째 소화 잘되니 좋구요,
셋째 요리 중 빠져버린 내 반지 알맹이 찾아야 해요."

↘ 두 분 막상막하시군요~~^^ 사각의 링이 보이지 않게 존재하는 듯~~ — 심미정

↘ 셋째 항목에 특별히 유의하셨었길 빕니다~^^ㅎ — 김기형

↘ 못 찾는다면, 엄청 비싼 요리네요~ㅎㅎ — 용석근

↘ 새 반지가 갖고 싶으신가 봅니다~ — 최승호

↘ 솜사탕 먹듯이 조심조심 행복한 마음으로… 씹어 드셔유~ — Chang Soo Kim

↘ (참고로 아래 내용은 이 책에서 가장 긴 댓글임)

아내님께서 귀한 아침 밥상을 올리면서 반지 알맹이가 빠진 줄도 모를 정도의 정성을 들이셨다면 그 마음 어떨지 지레짐작이 갑니다. 하찮은 알맹이 하나라도 전체의 균형을 생각하면 없어서는 안 되고, 한 알에 깃든 내 희로애락을 생각한다면 다이아보다 가치가 있을 터, 지금도 노심초사 발만 동동 구르고 계실 아내님께 조금이나마 도움이 될까 하여 단계별 깨알 꿀팁 방출하려 합니다.

1. 반지 알맹이가 맹독성을 지녔다 생각하고 가족의 동조를 얻어 음식 한 가닥, 한 국물, 한 밥풀 젓가락으로 휘저으며 일일이 탐색해 봅니다.
2. 한 수저 떠서 입에 넣은 후, 입안의 밥, 반찬들 모조리 혓바닥 끝으로 스캔해서 경도 유무 따진 후 색출합니다.
3. 검은 비닐 봉투를 준비합니다. 이 시간 이후로 나오는 덩을 받아냅니다. 입구를 잡고 최대한 넓게 납작하게 펴줍니다. 그 후 공기를 완전히 빼서 진공 상태로 만든 후 검지 끝으로 스캔해봅니다. 비닐 속 돌기가 보이거나, 의심 가는 곳 눌러도 봅니다. 각고의 노력에도 찾지 못한다면 빠진 알맹이를 사다가 채워 놓고 이참에 리마인드 프러포즈를 다시 합니다.

빨리 찾아 아내님이 편히 웃을 수 있길 바랍니다♡ — 박시연

아내와 산책 중 날씨가 으슬으슬 춥다.
걸음을 재촉하는데 희끗희끗 눈발이 보인다.
"여보, 눈이 날리는 것 같으니 돌아갑시다."
"흐린 날씨이긴 하지만 어디 눈발이 날린다구 그래요?
당신 내일은 꼭 백내장 검사 좀 해봅시다."

↘ 헛!! 눈이 안 오는 우리 동네엔 뭘로 알 수 있지? — Ingyu Jung

↘ 서글픔까지도 재치 만점으로 승화~ 오늘 아침은 김광석의 <어느 50대 노부부
    이야기> 이 노래가 딱일 것 같네요. — 이윤희

↘ 백내장은 아니시겠죠. 눈이 건강의 신호등인데, 약간의 과장은 이해하지만 여
    하튼 검사는 한 번 받아보세요. — Jinkyu Park

↘ 저도 제 머리칼이 빠져 아쉽지만 대신 주름이 느니 공평하다 생각합니… 퍽…
    ㅠㅠ — 이윤석

인터넷 서점 몇 곳 검색 중 얻은 깨달음이 있다.
『행복한 결혼』 책은 환타지 코너에,
『부부학 개론』은 격투기 코너에,
특히 『남편은 집안의 기둥』이라는 책은
의학 코너 중 망상증후군 책들과
나란히 배열되어 있다는 걸 알았다.

ꜛ 의학코너는 좀 서글프긴 한데 격투기 코너 완전 공감 가네요. — Ingyu Jung

ꜛ 너무~ 리얼하신 거 같아요~^^ — 신세영

ꜛ ㅎㅎ멘사회원이신 듯… — Eun‑Jeong Huh

ꜛ ㅋㅋㅋ 아! 그렇군요. 진즉에 이런 걸 알았다면 그냥 솔로로. ㅠㅠㅠ
— Kyu Dae Lee

ꜛ 오늘날, 슬픈ㅠ 현실입니다!! — 최승호

"웃으면 사람의 몸과 마음을
이롭게 하는 온갖 경이로운
일들이 일어난다."
앤드류 매튜스 왈왈.

"질병과 슬픔이 넘쳐나는
이 세상에서
우리를 더 강하게 살도록 붙들어 주는
것은 유머와 웃음밖에 없다."
찰스 디킨스 왈왈.

외출 나간 아내 카톡이 왔다.
'A : 세탁, B : 청소, C : 밥짓기'.
청소가 낫겠다 싶어 'B 선택함' 답신을 보냈다.
그러자 다시 문자가 왔다.
'선택이 아니라 어느 순서로 할 것인지 답 바람'
헉! 모두 다 하라굽쇼?

↘ ABC 코스 = Apron — brush — clean
    앞치마 매고, 비를 들고, 깨끗이 청소하기! — 박시연

↘ ㅋㅋ 사모님이 어떤 분인지 궁금합니다. ㅎㅎ — Eun-Jeong Huh

↘ 어차피 해야 할 운명이라면 효과적으로, A→ C→ B. ㅎ — Ingyu Jung

↘ 다해 봐야 별거 아니네 뭐!! ㅎㅎ 평생 일하고 산 아내에 비하면…♡ — 강희주

↘ 그러면 그렇지… 축하드립니다! — 이경주

↘ 지혜로운 사모님. 눈치 없는 남편님♡ — 은경한

집에 나비 장식이 달린 문갑이 하나 있다.
아내가 결혼할 때 갖고 온 거다.
내가, 긴 세월 동안 단단하게 버티고 있는 문갑에
감탄하자
아내가, 그 당시 서너 번 시집가도 끄떡없이
잘 견디게 만든 거라 해서 샀죠.

↘ 삼십 번 사십 번 대대로 문갑을 이어가시길… 이것이 진정 아름다운 갑질. ^^
  — 이윤석

↘ 스토리 쭈~욱 이어지길 희망 합니다~~ㅎㅎ — 이혜경

↘ ㅎㅎ 백이십 세까지 살면 아직 기회가… — 강명희

↘ 한정된 글자 수임에도 그 속에 지혜와 웃음과 여운이 담겨 있어요. — 박시연

↘ 저… 선배님, 선배님이 몇 번째?신지? 후다닥=3==33===333 — Kyu Dae Lee

↘ 아직도 그런 깡!이?? 요즘 그러더라고요. 다시 새우?깡이 잘 팔린다고요~^^
  — 서진수

화장품 사겠다고 아내는 홈쇼핑 채널을 열심히 돌린다.
나는 화장품 대신 맥주 세일 하면 그걸 사라고 했다.
"화장품 대신 웬 맥주?"
"메이크업하는 것보다 내가 맥주를 마시면
당신 얼굴이 훨씬 더 예뻐 보이거든."

　↘ 단, 과음으로 가시면 곤란할 수 있습니다. 예뻐 보임 넘어 미쓰 리 미쓰 박으로
　　말이 튀어 나올 수 있기에 주의요망~ㅋㅋ — 이상길

　↘ 술이 이렇게 인간사에 중요한 역할을 하고 있음을 다시 한 번… ㅎ — Ingyu Jung

　↘ 장원 후보작입니다. — 임경환

　↘ 술김에 모든 여자가 다 예뻐 보이면? 큰일 나지요잉~~~ — Ransoon Jeong

　↘ ㅎ 환장하겠슈… — 권영득

　↘ 비어 고글 이펙트라고 하죠. ㅎㅎ — 조원석

158

집콕일기

인터넷 온라인 유료 영화에서
나는 〈아저씨〉가 흥미 있겠다고 하니
집에서 매일 보는 아저씨를 왜 돈 내며 보냐고 한다.
아내는 영화 〈악마를 보았다〉를 선택한다.
그래서 나는 악마와 살고 있는 처진데
딴 거 보자고 했다.

↘ 그러니 혼나시지유. ― 동섭최

↘ 그 다음이 궁금합니다. ㅎ ― 김기형
　↘↘ 아닌 밤중에 혼자 아파트 단지를 돌며 맘을 달래고 있습니다. ― 웅크라

↘ 線을 넘었어요, 선을⋯ 어찌 쫓겨날 궁리만 하능교⋯ ㅎㅎ♡ ― 강희주

↘ 장군멍군, 막상막하, 용호상박, 난형난제. 두 분 상응이 백중지세~ ㅎㅎ ― 이상길

↘ 음⋯ 오늘 살아계신 건 확실하시지요? 목에 칼 차고 포박감금 중이시거나⋯
　― EunSook Bae

175

세계적인 피아니스트가 연주하는
'쇼팽의 뱃노래'를 시청하고 있다.
아내가, "쇼팽이 대단할까요?
아니면 저 신들린 피아니스트가 대단할까요?"
내가, "저렇게 힘든 곡을 이해도 못하면서
듣고 있는 우리 부부가 무지 대단하지!"

↘ 굳이 이해까지 하면서까지 들을 필요는 없겠죠. 정답입니다. ㅎㅎ — Ingyu Jung

↘ 듣고 좋으면 이해하신 거죠. — 정재희

↘ 공감. 진짜 이해하는 사람은 없을 것이다에 한 표. — Jinkyu Park

아내의 뜻밖 질문,
"당신 평소에도 가끔 내 생각해?"
"그럼!"
"그렇다면 지금도 날 사랑해?"
"물론!"
"음… 날 위해 죽을 수 있어?"
기습 질문에 겨우 정신 차려서
"여보, 내 사랑은 영원히 죽지 않는 사랑이야."

↘ 순발력 승리에 오늘도 한 표. ― Ingyu Jung

↘ 목숨 바쳐 살아내고 계시는군요… ㅎ ― 전찬주

↘ '영혼'이 죽지 않는 사랑. ㅋ ― 김현구

↘ 글을 읽다 보면 마치 내가 그 자리에 있어 메모지에 받아 적으며 다음에 어떤
소재의 이야기 나올까 기다리는 모습을 생각해 보았습니다~^^ 사모님과 함께
제주에 내려오실 기회가 있으면 모셔서 맛있는 곳에서 식사 함께 하고 싶습니
다~^^ ― 고창덕

"당신은 왜 내 사진을 항상 지갑에 넣고 다녀요?"
"아무리 골치 아픈 일도 사진을 보면
씻은 듯 잊게 되는 신통력 때문이요."
(사실은 사진을 볼 때마다 '내가 이 여자하고도 사는데
세상에 못할 일이 뭐란 말인가?' 다짐하죠.)

↘ 저랑 같은 병원에 다니셔야 할 것 같습니다. 증상이 똑 같으십니다. ㅎㅎ
　　 — 임경환

↘ 혹시 사모님 신발 깔창 밑에 사진 있나 찾아보심이… ㅎㅎ — 전찬주

↘ 수위 조절이 필요합니다. 한 번에 훅 가는 수가 있습니다. ㅋㅋ — 유영대

↘ 여자들은 남편사진 절대 안 가지고 다니지요… ㅎㅎ — 이혜경

↘ 현타 옵니다. — 김병근

↘ 쫓겨나면 갈 데는 있능교? 걱정된다… ㅎㅎ♡ — 강희주

↘ 사모님이 아시면 최소한 중상임돠!^ — 김용원

늦은 저녁 식사 후
반병 쯤 남은 와인을 나눠 마셨다.
얼굴이 붉어진 아내,
"여보야, 딱 한 번만 더해 줘."
"싫어, 나도 피곤해."
"젊을 땐 알아서 잘해 줬잖아." 하며 삐친다.
"알았어, 지금 할께."
난 설거지 하러 일어났다.

↘ 헉~~ 설레었습니다, 잠시. ㅎㅎ — 함현진

↘ 저는 저녁마다 매일 해줘요, 원래 남자가 하는 겁니다! ㅋ — 구한별

↘ 상상 그 이상의 반전이 있네요. ㅎ — Jinkyu Park

↘ 상상의 나래 꺾는 ~~ 설거지 반칙이다~~ — 심미정

아침에 녹차를 우리며 아내가,
"당신에게 혹시 암기력 결함이 있는 게 아닐까요?"
"무슨 결함?"
"가끔씩 제가 한참 얘기한 내용을
하나도 기억 못하잖아요."
"여보, 그건 병이 아니고,
그게 바로 내가 타고난 福이요."

↘ 아~~ 그게 '六福' 중 하나였군요~ 깨달았습니다~~ ― 홍기영

↘ 제 남편도 복이 많은 사람이네요. ― 김필화

↘ 남편이 옆에서 "명언이네!" 하네요. 늘 나한테 질책 당했던 터라. ㅋ
      ― Jakyung Won

↘ 마음속에 보살 한 분을 키우셨군요. ㅎㅎ ― 박경수

어제 성당 다녀온 아내가 확신에 넘쳐,
"감사와 인내의 삶을 살면 천국에 갈 수 있대요.
그러니 우리는 갈 수 있겠어요.
당신은 나 같은 현명한 아내 만나
감사하며 살고, 나는 당신 같은 남편 만나
인내의 삶을 사니까요."

⤺ 천국행 티켓이 감사와 인내였군요. 앞으로 저는 감사보단 인내로 아내와 살도
  록 하겠습니다. — 정민

⤺ ㅎㅎ 제 남편 Patricio도 분명 천국행 티켓을 받게 될 꺼라고 장담하던데요.
  — 김희경

⤺ 사모님께서 좀 더 당첨 확률이 높으신 거 같습니다. — Myung Jin Hwang

⤺ 마지막 단어가 쥑입니다. — 강명희

⤺ 이럴 때… "반 사!~~~"라고 하세요~^♡^ — 홍기영

벨소리에 아내가 현관 나간 지
한 시간 정도 된 것 같은데
아직도 누구와 얘기하는 음성이 들린다.
얼마 후 아내가 들어와서,
"501호 아줌만데 시간이 바빠 안에 들어올 수 없다고
현관에서 잠깐 얘기하고 갔어요."

↘ 그나마 바빠서 얼마나 다행인지… ㅋ — Ingyu Jung

↘ 와? 하하하하하 ~~~늘 웃음을 참았는데 오늘은 빵 터졌습니다! — 박수인

↘ 역시 여자들은 수다를 못 떨면 병이 생기지~ — Enn Ja Kim

↘ 여자들의 시간은 그때 그때 달라요. — 전귀향

↘ 아줌마 수다는 커피점에서 만나 3시간~ 할 말 다 못해서 집에 와서 전화 통화
   1시간 하고 끊으며 식구들 눈치 보인다며, 카톡 2시간. ㅋ — 박기옥

↘ 기본 Talk 하셨네요. — 최승호

↘ 이런 대인관계 스킬은 남자들도 배워야 하지 않을까요? — 조승범

아내와 산책 중 공사장 트럭이 달려와
깜짝 놀라 다시 인도로 올라섰다.
브레이크 밟으며 기사가 소리쳤다.
"야! 이눔아, 뵈는 게 없니! &?#@%&?#@%!"
아내가 중얼거린다.
'어떻게 우리 남편에 대해 저리 잘 알고 있지?'

↘ 사주팔자 공부하는 트럭기사인가 봅니닽! — 박재문

↘ 혹시 친구?? — Ingyu Jung

↘ 수준 있는 블랙 코미디! — 박경수

↘ 헉~~ 기절 안 하셨능교? — 김효열

아내가, "당신 결혼하기 전에 사귀던 여자 있었수?"
솔직히!
"응, 있었어."
"지금도 그 여자 사랑해?"
"그럼 첫사랑인데."
열 받은 아내, "그럼 그년하고 결혼하지 그랬어!"
"그래서 그년하고 결혼해서 지금 살고 있잖아!"

↘ 호호호. 선생님 오래간만에 "승" 하셨군요. ― 심상무

↘ 이리 또 웃고 시작하는 하루, 저도 그년이라는데 믿을까요, 말까요? ㅎㅎㅎㅎ
　 ― EunSook Bae

↘ 간만에… 욕(?)도 하시고~~ㅋ ― 홍기영

↘ 요거 해석 잘해야 하는 거죠. ㅎㅎ 근데 오늘은 왜 결정타를 날리신 듯해 감축
　 드리고 싶을까요!!! ― MoMo Mi Jeong Lee

↘ 김 선생님 뒤집기 하나하나는 완존 국보급임다. ― 김석호

↘ ㅋㅋ 재치와 반전, 9회 말 투아웃 후 역전 만루 홈런~~ ― 김효열

아내가 이태원 가게에서 털목도리 샀는데
안 깎아 주더래요.
그럴 땐 '멀~리서 왔으니
차비라도 빼달라'고 해야지 그랬더니
"사모님 여긴 미쿡에서 온 사람도 그냥 사 가는데
어디서 오셨수?"
그래서 못 깎았대요.

↘ 야박한 사람들이네요. 쬐끔 깎아 주지 담엔 가지마세요. ㅎㅎ — 김영호

↘ 몇 년 전 전자제품 구입차 매장에서 깎아 달라고 하니 점주가 웃으면서 하는
   말, 깎을려면 이발소 가시라고 하는데 피식 웃고 말았습니다. ㅋ — 이재윤

↘ ㅋㅋ 우주에서 날아와 잠시 들렀다카지요! — 이원섭

↘ 팁: 그 물건 여름에 사면 쌉니다~ — 이상길

TV 속 두 형사가,
"거짓말 탐지기는 놀라운 과학적 발명이야.
자넨 사용해 본 적이 있는가?"
"아니, 이번 사건에 사용할 계획이네."
나는 중얼거렸다.
'여보게들, 나는 사용 정도가 아니라
결혼해서 같이 살고 있다네.'

↘ 여자의 예리한 촉~ 탐지기 맞아요! — 이성옥

↘ 거짓말 탐지기도 심리적으로 안정된 사람들에게는 효과가 없다네요.
  — Jinkyu Park

↘ 가끔은 그 탐지가 오작동을 하면! 미치고 환장하지유! 들켜서~
  — Chang Soo Kim

↘ 선생님의 거짓말 탐지기에 의한 인간의 심리에 대한 해학적 삶의 통찰에
  유쾌한 유머에 오늘도 행복한 하루가 되었습니다. — 박원석

↘ 언능 경찰수사대에 넘기세요. — 함현진

"서랍장을 옮겨야 할 텐데
누군가 일꾼 한 명을 불러야겠어요."
"여보, 그렇다면 나와 장기나 한 판 둡시다."
"장기요?"
"응, 우리 둘이 장기를 두고 있으면
장기판엔 훈수꾼이 한 명 꼭 나타나거든.
그때 그에게 부탁합시다."

↳ 공원에 가셔서 두시면 팀으로 몰려듭니다. 단 너무 진지하면 모두 삼매경에
   빠져 목적을 이루지 못할 수 있음. — 이상길

↳ 훈수 띠는 사람이 3수가 더 높다던데요. 서랍장 괜찮을까요?~^^ — 고창덕

↳ 묘수네요. 아, 오랜만에 장기 두고 싶어라! ㅎ — 김평강

↳ 가끔 두는 장기~ 매번 지는 수이지만, 머리싸움 치매예방입니다. — 이성옥

베란다 화분 물 주는데 아내가 와서
"오늘이 우리 결혼기념일이잖아요.
그래서 당신이 깜짝 놀랄 만한 선물을 사왔어요."
"뭐지? 궁금해. 빨리 보고 싶은데…"
"잠깐만 기다리세요, 곧 입고 나올게."

↘ 사모님 자신이 목에 리본 달고 오시는 거 아닐는지? — 정혜령

↘ 예전에 친구가 선물을 사는데 남편 건 사지 않고 본인 것만 잔뜩 사길래 물었
  더니… 내가 이뻐 보이는 게 남편에게 가장 큰 선물이라던 말이 생각 나네유…
  ㅎ — 강희주

↘ ㅎㅎㅎ 예상을 빗나가지 않는 사모님! — 이지영

↘ 상상만으로 웃깁니다! — 박시영

집콕
일기

엊그제 결혼기념일 추억하며 맥주 한잔 하는데
아내가,
"당신은 내가 경제력이 있어 결혼했어?
아니면 날씬한 자연미인 몸매에 반해 결혼했어?
그것도 아니면 예뻐서…?"
"그거야 당신의 그런 유머 감각 때문에 결혼했지."

↳ [집콕일기] 덕분에 1일 1웃음… 감사~ ㅎㅎ — 정수정

↳ 제가 그랬으면… '결혼기념일 빵!!'으로 두 대 맞고 쫓겨났을 꺼라는~ ㅋ
   — 홍기영

↳ 이것도 저것도 심지어 유머도 없는 나, 친정 부모님께 효도하려고 결혼한 것
   같아요. — 이성옥

↳ 밥 못 얻어 드실 듯.^ — 김용원

세종대왕 한글창제 이후 인정받기까지 500년,
코페르니쿠스 '지동설'이 인정받기까지 440년…
그런데 어제 김장김치 두 포기 갖고
우리 집에 온 501호 아줌마의 '수다설'이
인정받기까지는 단 5분!

↘ 오늘도 역시 실망시키지 않는 재치와 유머. ㅎㅎ — 설다민

↘ 세종대왕이나 코페르니쿠스에게도 이 아줌마라면 김장김치의 효능을 5분 내
   이해시킬 듯… ㅎㅎ — 강희주

↘ 재미있고요. 코페르니쿠스 신부님이 지동설을 주장하고 교황청으로부터 파계
   당할 때, 세종은 이미 음력과 양력을 계산하고 있었다고 합니다. — Lee Eunse

↘ 남성과 여성의 언어구사 능력의 차이죠. ^^ — 김형세

처음엔 아내가 가전제품 불평하는 줄 알았다.
당신은 '세탁기'처럼 지정만 해주면
첨부터 끝까지 알아서 해줘야지
'식기 세척기'처럼 오목한 마음 그릇은 닦아주지 못하니
어찌 '전자레인지'처럼 제 속이 타지 않겠어요.

↳ 심오한 이론, 절묘합니다.^^ ― 최현

↳ 미안하오! 이제부터라도 내가 로봇 청소기가 되어 검게 탄 당신 마음 구석구석
　사랑으로 닦아 주리오~ ― 이상길

↳ 한번 지정해주면 속마음까지 one key로! ― Kun Hyoung Lee

↳ 스팀 기능으로 촉촉하게까지~~ ― Kyoung Lee

선물 받은 상품권이 없어졌다.
아내의 행동을 유심히 살펴보니
말하는 것, 걸음걸이, 얼굴 표정도 분명 의심이 갔다.
아! 그런데 내 책갈피에서 발견됐다.
그 후 아내 행동을 다시 보니
정직 그 자체 선(善)의 표본으로 보인다.

↘ 그럼요, 믿으셔야 합니다.^^ — 남기창

↘ 고백하고 이제 큰 머슴으로 복귀 바랍니다.^^ — 이태연

↘ 그런데 책갈피에 현금 같은 거 넣어두시는 전통적 습관 고치셔야 할 걸요.^^
— Nam Mija

↘ 셰익스피어는 말했다. 죄 지은이는 항상 의심을 버리지 못한다고~ — 이상길

아내에게 '키스'에 관한 얘기를 꺼냈다.
"손 위에 하는 건 존경의 '키스',
뺨에 하는 건 감사의 '키스',
입술에 하는 건 사랑의 '키스'라 하지."

아내가, "그밖에 하는 '키스'는 없나요?"
"그걸 우리는 '미친 짓'이라 하지."

↘ 미친짓이 더 재미나는데~~==33 — Joseph Park

↘ '가족끼리' 이런 것 하면 안 돼유… — 이정민 훈장

↘ 뭔가 원하는 곳이 안 나오신 듯. ㅋㅋ — Ingyu Jung

최근 아내가 내게 '잘~ 한다'는 칭찬을 많이 한다.
한껏 고무된 나는
솔선수범 나서는 일이 많아졌는데,
그럴수록 꼬이는 일도 많아졌다.
그래서 말인데, '자~알 한다'는 말이
결코 칭찬이 아니란 걸 뒤늦게 깨달았다.

↘ 잘한다와 자~알한다는 전혀 다른 말이죠. ㅎㅎ — Ingyu Jung

↘ 우리말이 쫌 어렵죠… ㅎㅎㅎ — 전찬주

↘ 자~~알한다 최면에 걸리시면 불가능이 없답니당~~~ — 하심

↘ 충청도 말은 '됐슈'로~~다 통함, '그려'도 마찬가지! ㅎㅎ — 신관웅

↘ "자~~~알한다."와 "잘한다."를 구별할 줄 아나? 모르나? 모릅니다!.
"자~~~알한다." ㅎㅎㅎ — Suh Insuk Isac Polzzaktheater

↘ 샘, 글 보며 웃습니다. 완죤 허당! — 김혜숙

"아니 당신이 뭘 했다고 피곤하다는 거예요?
나야말로 하루 종일 일해 피곤하죠.
당신은 '도와줌네' 하면서 방해만 했잖아요."
"하지만 여보, 똑같은 잔소리
열 번, 스무 번 계속해 듣는 거만큼
피곤한 게 이 세상에 없을 거요.
당신이 한번 당해 보실유?"

＼ 하는 사람은 필요하다고 느끼고 듣는 사람은 피로하다고 느끼는 게
   잔소리입니다. ㅎ — 최상일

＼ 잔소리~~ 짜증지수 올라가지만 보약이 될 날도 있겠죠. — 이성옥

＼ 귀가 두 개이지 않습니까? ㅎㅎ — Ingyu Jung

＼ 어느 홀아비의 넋두리~ 마누라 잔소리가 생명수 같았다나~~?? — 이상길

사회적으로 여성이 남성 일자리 영역을
침범한 지 오래다.
버스 기사, 배달원, 주유원, 중장비 운전 등등.
우리 집도 아내가 내 영역을 무시로 침범한다.
집안 청소, 설거지, 쓰레기 분리수거 등등
제발 더 침범해 주오.

ㄴ 저는 제 영역을 극심하게 침범하는 그런 무뢰한 남편을 만나고 싶습니다.
　ㅡ 박시연

ㄴ 침범이 아니라 공유라고 하셔야 공격을 덜 받으실 듯. 원래 모계사회였으니까
　요. ㅡ Jinkyu Park

ㄴ 그렇게 중요한 가사노동 영역을 침범 당하시고 이대로 넘기시면 절대 아니 되
　옵니다. 당장 씽크대 앞에서 머리에 띠 두르고 노동가를 부르며 시위를 하셔야
　합니다. ㅡ 김형세

ㄴ 티 나게 좋아하면 들킬 염려 있음. 포커페이스 필요함. ㅎ ㅡ 이재윤

모처럼 웬 바퀴벌레!
주변 무기 찾다가 놓쳤는데, 운 좋게 그놈이 재등장,
마침 씹던 껌을 얇게 펴 낙하산처럼 덮어 버렸다.
좀 세게 누르는 바람에 바퀴가 펑크 날 뻔했지만
오늘 난 바퀴나라 그놈
주민등록 말소에 성공했다.

↘ 매우 힘든 작업, 성공에 축하드립니다. — 김영욱

↘ 말소자 초본이 껌값이네요.^^ — 류동헌

↘ 보셨죠? 바퀴 잡는 것쯤은 껌이에요! — 이윤석

↘ 오~ 그 바퀴벌레 껌 밟았네. 아니, 껌 덮었네요~ㅋ — 용석근

↘ 벌레 중에 제일 빠른 벌레는? 바퀴벌레죠. — 이재윤

↘ 쌀뜨물로 이엠발효액 만들어 매일 뿌리면 없어집니다! — Enn Ja Kim

어제 일기를 본 러시아 페친이 보낸
바퀴 박멸 다른 수법 : 자기 전 접시에
보드카(소주 안 됨)를 부어놓으면
아침에 바퀴벌레는 음주과다로 익사해
동사체로 100% 떠 있다고 함.
(그 후로 접시는 접대용으로만 사용한다고.)

╲ 러시아에선 상당히 고급지게 보내주네요. ㅎ — Ingyu Jung

╲ — 파리채로 치면 바퀴는 자존심 때문에 절대 안 죽으려 함.
　　— 뿅 망치로 치면 바퀴는 오락인 줄 알고 즐기며 도망감.
　　— 성경책을 던져 깔려 죽은 바퀴는 천국에 갈 확률이 높음. — 박해만

╲ 붕산에 계란 노른자 섞어 놓으면 바퀴박멸임! — 김용원

╲ 보드카라… 내가 바퀴인가 바퀴가 나인가…?! — 이윤석

어젯밤 도둑이 내 지갑에서
현금을 훔쳐 달아나더군.
총을 쏴 그 도둑을 죽일 수도 있었지.
아내가, 근데 왜 살려뒀어요?
그랬다면 난 오늘 홀아비가 됐을 걸…
그러자 아내가, 자 여기 당신 지갑에서 꺼낸 돈
반만 받으세요.

↘ 나 같으면 모르는 척 핑계낌에 총 쏘았을 것. — 오금택

↘ 반 만 꺼내갔으면 눈 감아 주셨을 텐데~~ㅎㅎ — 이혜경

↘ 마누라 지갑을 수시로 채워 주세요~^^ — Ransoon Jeong
　　↘↘ 수갑을 수시로 채워주면 안 되겠죠.ㅎ — 웅크라

↘ 차라리 도깨비 방망이로! 후려치심이… — Chang Soo Kim

친한 세 부부가 어제 저녁 모임을 가졌다.
여자들은 시종일관
국어사전에 나오는 모든 단어를 동원,
수다 사이에 뭣 좀 먹는 듯했고.
남자들은 묵묵히 먹다 목이 메면
어쩌다 한마디씩 몇 개 단어로도
훌륭한 모임이었다.

　↘ 휴~ 이런 위중한 시기에 수다 만남을 이끌어 내신 남편 분들 대단하십니다.
　　ー 김영욱

　↘ 요리는 괜찮은데 술이 별로였을 때 남자들의 말(수다)이 많아지죠. ㅎ
　　ー 김완식

　↘ 여자들은 셋이 모이면 둘이 동시에 이야기하여도 알아듣고 맞장구치는 수다의
　　기술이 있죠. ー 이상길

　↘ 여자 세 사람이 모이면 수다지만 남자 세 사람 모이면 고스톱으로! ー 김영석

오늘 문득 아내 생각을…

부지런하나 서두르지 않고,
어머니의 강함도 여자의 약함도 가진 듯싶고,
필요 없는데 덩달아 물건 사는 법도 없다.
때론 흔들리는 나를 이해하고 격려도 해줌을 느낀다.
팔불출 생각 끄~읕.

↘ 아마도 이 글은 사모님께서 보시기로 약속을 하셨나 보다… ─ 김영욱

↘ 잘못한 거 있는 거 아니시죠? 진심이시지요. ㅎㅎ ─ 이혜경

↘ 가끔 부러움을 이끄시는군요. ─ 김영호

↘ 실례되는 말씀 같습니다만 이를 옛사람들은 改過遷善(개과천선)이라 했지요~
  ─ 이상길

↘ 선생님… 저를 30년 동안 델꾸 사는 제 아내를 존경합니당~^♡^ ─ 홍기영

↘ 웃음끼 완전 삭제~~ 멋지세요.^^ 송희숙

카톡에 "나야, 뭐해?"라는 글을
10명의 친구에게 보내봤다.
좋은 친구는 바로 '무슨 일이야?'라고 답이 왔고,
날 싫어하는 친구는 '뭐야, 왜?'라고 왔는데,
'?'표만 보내온 놈이 있다.
걘 앞으로 친구도 아니다.

↘ 나도 해봐야겠네요. ^^분리작업! — EunSook Bae

↘ '.' 마침표를 답장으로~ — 이상길

↘ 읽씹이 나쁘냐? 안읽씹이 나쁘냐? 난 안읽씹은 봐준다 얼마나 바쁘면 못보나
　로! ㅎ — 전귀향
　: 참고 : 읽씹의 뜻은 읽고 씹는다, 카톡은 읽고 답장은 안한다는 뜻

↘ 오늘부터 '잡곡일기'로 바꾸면 어떨까요? 건강을 위해서? — 권기범

↘ 반응을 하는 친구는 좋은 친구, 개무시하는 친구도 많을 걸요.^^ — 정혜령

↘ 오우~~ 좋은 방법이네요~~~감사합니다~~^^ — 유정숙

주례 부탁하러 온 제자에게
"부부는 적당한 거리를 둬야 편히 살 수 있다."고 했다.
'적당한 거리'란 구체적으로 얼마냐고 묻는다.
그건, 여자가 신경질 난다고
뭔가 손에 들고 던질 때
'재빨리 피할 수 있는 거리'라고 귀띔했다.

↘ 둔하면 5미터 이상, 빠르면 2미터 유지. ㅎㅎ ― 배영태

↘ 야구 투수 출신의 아내를 둔 사람의 안전거리는? 꼭 알려 주세요. ― 김용완

↘ 사회적 거리보다 약간 더 멀어야 안전하지 않을까요? ㅎㅎ ― 이태연

↘ 여자의 프라이팬 한 방에 골로 간 남편들과 위령기도 잘 하길 기원합니다.
  ― 하경호

↘ ㅎㅎㅎ 도망가다뇨, 무릎 꿇고 맞아야지요, 뭐~^^ ― 김철식

내가 부엌일 하면
주방 의무를 돈으로 환산해 주기 협상을 시작했다.
커피 1천 원, 라면 2천 원, 샐러드 3천 원,
찌개 4천 원, 밥 5천 원…
그런데 나의 국방의무 아니 '서방의무' 가격 무료조건에
아내와의 협상이 결국 파탄났다.

↘ 서방의무~~~~ㅋ — 정혜령

↘ 서방의 의무는 의무이지 흥정의 대상이 아닙니다. 무조건 봉사해야…ㅎㅎ
  — 배영태

↘ 다시 협상하셔요. 더운 밥 드실려면… — 김용완

↘ 재협상 얼릉 하세요. 조금 양보하고 체결하셔요.^^ — 이형준

↘ 그건 천원 단위로도 협상이 안 됩니다. 투쟁하십시오~!! — Ingyu Jung

↘ 파탄은 당연한 듯~~ㅎ — 송희숙

집콕
일기

살다가 어느 날 문득 부부 사이에
사랑이 반 컵만 놓여 있는 걸 보게 된다.
비관론자는 애개개 겨우 반 컵,
낙관론자는 우와 반 컵씩이나…
허나 중요한 건
'지금 사랑을 채우는 중이냐,
아니면 사랑을 비우는 중이냐' 아닐까?

↘ ♥사랑은 나눔 · 비움 · 채움 3박자의 조화가 아닐까요. ― 이윤희

↘ 채울래, 비울래, 얘기해 봐! ― 이성옥

↘ 진지하게 생각하며 채우는 노력이 필요하죠. 새고 있는 그릇은 수리해가면서
    … ― 배영태

↘ 전 어떻게 반 컵을 지키느냐♥입니다요.^^ ― 감성아재

↘ 와~~~ 명언이십니다~~~^^ 나는 어느 쪽일까 생각 중~~~^^ ― 손익재

205

우리 집 빨래 건조기가 쫌 고급이다.
헬스기구를 산 지 1개월도 안 됐는데
지금 거기에 '살바도르 달리'의 그림에서처럼
빨래를 널어 말리고 있다.
처음엔 서로 먼저 하려고 난리였는데…
우리의 애정도 쫌 그렇다.

↘ 우리 집 빨래건조대는 다기능 운동기구입니당. — 이경주

↘ 저희 건조기는 최고급입니다. 안마 의자형 건조기라고 들어보셨는지? — 오금택

↘ 운동기구를 사용할 때의 행위예술 — 제목: 빨래틀의 사내. ㅋㅋ — 이상길

↘ 저희도 빨래 널렸어요~^^;; 그나마 츄리닝복이네요~~ — 심두리

↘ 완전 찔림… 지금 런닝머신에 빨래 걸쳐놨어요. ㅜㅜ — 화펜

아내 앞에 있는 찐계란 집어들었다.
얼른 다시 뺏어간다.
껍질 까서 주려고 한 건데 내 진심 모른다.

아내가 핸드폰 또 엇다 감췄냐고 갑자기 다그친다.
충전해 주려고 안방에 꼽아놓았는데,
내 진심 이리도 모른다.

↘ 행동으로 실천하기에 앞서 꼭 먼저 물어 보시기 바랍니다. 해줄까?
— Ransoon Jeong

↘ 말 못하고 사는 우리 남자들 모임 하나 만들죠. — 임경환

↘ 저는 40년 지나고서야 동의를 구하고, 고개를 끄덕여야 실행합니다. — 김영욱

↘ 멋찌세요~ 하늘이 알고 땅이 알고 우리가 알아요. ㅎㅎ 행동 전 마음을 먼저
말씀하시면 어떨까요~~^^ — 박기옥

올해 쓴소리 시상식,
그대 영양가 구실로 반찬 맛없고,
누룽지 핑계로 밥 태우고,
바른 소리 내세워 잔소리로 일관한 공로로 이 상을 줌.
그러자 내게도 악몽의 시상식,
늦잠, 코골기, 잠꼬대로 3관왕 수여라니!

↘ 간장 게장(피장파장). — 오금택

↘ ㅋㅋ 만만찮은 상대~^^ — 김효열

↘ 3관왕 축하드립니다.^^ — 하심

↘ 막상막하 팽팽하시네요~^^ — 임영숙

깨진 찻잔을 조용히 수습 중인데,
쓱 나타난 아내, 상황 척 알아보고
사고 현장을 지켜본다.
마치 숨었던 거미 미세한 떨림을 감지해
달려 나와 먹이를 노리듯…

내일부터 당장 집안의 거미줄부터 찾아 청소해야지.

↘ 거미줄 촉이 예리했군여. — 오금택

↘ 거실 화장실 안방 단추 거울 천정 구석구석 다 뒤져보세요. AI로 감시당하고
   사시는 듯. ㅠㅠ — 김용원

↘ 그 떨림에 지구가 흔들려 잠에서 깼습니다. 저도 늘 먹이사슬 맨 밑에 살다보
   니 그런 촉만 발달한 거 같습니다. — 임경환

↘ 아무리 뛰어 날아도 부처님 손바닥 안에~^*^ — 이민원

↘ 일단 보험처리 하심 되죠~~~ — 하심

"어린이집 다니는 손자가 천재래요.
동화책 줄줄 읽고 어려운 기도문도 다 외우고 놀랍죠."
"자랑 말라고 해.
어릴 때 천재 소리 듣는 애들 커서는 별 볼일 없거든."
그러자 아내가, "당신도 분명 어렸을 때
대단한 천재였겠네요."

↘ 하하 괜히 흉보다 이마 콧등 깨였네요… 언젠간 지대루 한방 먹을 줄 알았시
  오. — 이원섭

↘ 저도 그랬는데요. 정말 별 볼일 없죠~^^ ㅋㅋㅋㅋㅋ — 임영숙

↘ 연말에 큰 거 한방 얻어드셨습니다요~~ — 최정철

↘ 제가 보기엔 지금도 천재십니다. — Michelle Suh Yoon

194 집콕 일기

집에 온 손주들이 소란을 피웠다.
애비가 애들을 호되게 꾸짖자 내가 감쌌다.
그러자 "제 자식이니 제가 버릇을 고쳐줄 의무가
있어요."
어쩌면 너는 내 생각과 똑같니,
나도 내 아들 버릇을 고쳐줄 의무가 있단다.

↳ 너두 너 같은 자식 낳아 키워 바라. ㅎㅎ — 임경환

↳ 멋진 아버지~ 멋진 할아버지~ 일타쌍피!! ㅎㅎ — MoMo Mi Jeong Lee

↳ 부전 부전 부추전입니다. — 오금택

↳ 오~ 나이스, 동감입니다, 부라보 짱입니다, 정답입니다. — 박해만

자식들 키우며 '애비가 세상에서 가장 힘이 쎄다.
호랑이도 때려눕히고 산도 옮길 수 있다'고
호언장담해 왔다.
그런데 지금 나는
집안청소, 독서, 산책이나 하며 지낸다.
집 떠난 자식들이 아직도
애비의 그 말을 믿어줬으면…

╰ 아니 왜 자연을 파괴하신다는 그런 말씀을 자녀분들에게… ^^ ― 이흥렬

╰ ^^ 제 경험으로는, 더 이상 아버지가 호랑이도 때려눕힐 것이라는 생각을 안
  하게 됐을 때, 비로소 어른이 되는 것 같습니다. ― 조영수

╰ 우리가 살아온 길을 또 그들도 가게 될 것입니다. 이 글 보고 엄마가 생각나는
  성탄 이브입니다. ― 임경환

╰ 그렇게 믿고 있을 거라 믿어 의심치않습돠. ― 이윤희

↘ 산타가 없다는 걸 알 때쯤부터 그 말을 안 믿었을 것 같은데요… ^^ — 전찬주

↘ 아들이 성인이 되어 직장 생활하면서 아버지가 대단하였다는걸 알게 되었답니다. — 김필화

↘ 집 떠나는 순간부터 믿게 되었을 거예요… 품 안에서는 모르죠. — 김완식

↘ 언젠가 자제분들이 자녀에게 똑같은 말을 할 것입니다. — 김영호

↘ 저 역시 호랑이 같은 사모님과 산더미 같은 책 속에서 살고 있습니다.
아빠의 청춘. ^^ — 이윤석

↘ 아버지의 존재감이 세상 모든 것 위에 있음을 알고 있겠지요. — Ransoon Jeong

↘ 그 힘으로 오늘을 만들어 내셨어요. 믿습니다. 응원하겠습니다. 당신의 삶과
우리 모두의 삶에도…. — Sunduck Han

↘ 아직 믿고 있을 겁니다. 가족은 사랑입니다. — 구한별

↘ 때론, 한 번에 몇 백 명도 다 쓰러뜨리는 웃음 폭탄도 제조하시잖아요.
— MoMo Mi Jeong Lee

아내는 TV를 켜놓은 채 잠잘 때가 많다.
리모컨을 찾기 위해 남편 몸 위로
넘어가기 귀찮아서라고 한다.
그래서 리모컨을 아내 쪽에 놓고 자라고 했다.
나는 아내 몸 위로 쉽게 넘어간다.
오는 건 또 다른 문제지만 말이다.

↘ 저는 19년째 리모콘과 집안 전등 스위치와 싸우고 있습니다. — Chang Soo Kim

↘ 저는 자다 말고 벌떡 일어나 오고가는 길 열어줍니다. — 오금택

↘ 위험한 루트를 밟으시는군요.^^ — Ingyu Jung

↘ 참사랑은 자연스런 스킨십이랍니당~~~ — 하심

손녀가 할머니께 뽀뽀를 하자,
"너 초콜릿 먹었구나."
"그걸 어떻게 알아?"
"할머니와 하나님은 뭐든지 다 알고 있단다."
나도 한마디 껴들었다.
"얘야, 늘 할머니 먼저 알고 난 다음,
하나님이 아시니 놀랍잖니?"

ↄ 언제나 하나님보다 할머니가 가까이 계시지요~ ― 이혜경

ↄ 당근! 하나님보다 할머니가 가깝다는 사실. 맛있는 쵸콜릿을 언제든지! ― 김용완

ↄ 옛날 할머니 손은 약손이었던 때가 있었지요. 손자손녀들 할머니의 정 받고 자
  라면 신실하게 성장되는 듯해요. ― 홍성남

남자로 나이 들면서 집콕 생존 3가지 비법을 터득했다.
들이대기, 버티기, 사라지기가 그것이다.
밥시간엔 들이대기,
TV 시청은 내 채널 확보해 버티기,
그리고 설거지 하라면 시야에서 사라지기가
그 마법의 비법이다.

↘ 나는 미련한 사람. 이렇게 좋은 마법을 평생 모르고 살았으니… — 김용완

↘ 부디… 그 마법이 사라지지 않길 바랍니다.^^ — Jounghwa Han

↘ 난 3가지 하나도 없군요 시간되면 밥하기, 각방에서 티브이 보기, 혼밥하고
　 나면 스스로 설거지하기. — 김영석

↘ 그 어렵다는 3대 비법을 모두 터득하셨네요… — Ingyu Jung

↘ 아이구 큰일나요. 불자동차도 끌 수 없는 사태 벌어집니다. — 백영옥

↘ 도와주기, 양보하기, 내가하기. — 이영애

나는 여행 기회가 오면
가보지 않은 '코카서스' 같은 곳을 가고 싶다고 하자,
아내가 여태껏 가보지 않은
최고의 숨은 여행지 알려준다고 한다.
어디냐고 물었다.
거긴 내가 안 가는 낯선 곳,
우리 집 부엌이라고.

↘ 참고로 울 남편 앞으로 30년 동안 설거지 해준다 하고는 한 달도 못하고 하는
　 말, 설거지 할 게 너무 적어서 안 한다네요. 헐~~~ — 조영옥

↘ 무지 행복한 여행입니다. 자, 고무장갑 끼시고… — 이영석

↘ 낯선 곳이 아니라 너무 익숙해서 피하는 곳? — 김용완

↘ 먹을거리가 많으니 최고의 여행지입니다. — 배영태

↘ 가장 가까운 곳에 신대륙이. — Sung Jae. Na

책장 위에 걸린 시계는 퇴직 때 받은 기념품인데,
아직 고장이 없이 잘 간다.
다만 하루 10분 정도 늦는다.
저놈을 볼 때마다 내가 현직에 있을 때,
매일 10분씩 지각하게 만든 원흉을 보는 거 같아
중고샵에 팔아버리고 싶다.

↘ 중고샵에도 잘 안 팔려요. ― 이성옥

↘ 중고샵에서 웃돈 요구할 걸요. ― 김용완

↘ 매일 10분을 더 살고 계시니 팔지는 마시는 게…ㅎㅎ ― Ingyu Jung

↘ 어쩌다 주말 낮에 포식하고 깜박 졸다 깨어나 시계 볼 새도 없이 회사 지각했
   다고 달려 나가는 해프닝은 생체시계 때문… ㅎㅎㅎ ― Lee Eunse

↘ 결론적으로 비교적 정확한 시계네요. ㅋ ― 주경섭

아내가 잡지를 들고
"여보, 역대 미국경찰 통계를 보면,
남편이 설거지를 해주고 있는 동안에
남편을 쏜 아내는 한 명도 없다네요. 읽어 볼래요."
"아니, 나 문맹인 거 알잖아."
하며 곧장 팔을 걷고 부엌으로 향했다.

ㄴ 영어를 몰라서… 저도 못 봤어요. ― 오금택

ㄴ 탁월한 선택입니다. 총은 밀수하신 거죠~~~ ― 하심

ㄴ 백지영 씨와 함께 댓글 답니다. 총 맞은 것처럼 정신이 너무 없어 웃음만 나와
　서 그냥 웃었어… ㅎ ― 용석근

ㄴ 에구… 주부습진 조심하세요. ― 김영석

ㄴ 사모님의 수단이 놀랍습니다~~ 몰래 방탄조끼 준비하세요. ― 제성제성

놀이터에서 싸울 뻔한 손자에게
할머니가 "얘야 성경에 오른쪽 뺨을 때리면
왼쪽 뺨까지 대랬으니 싸우면 안 돼요."
"할머니 근데 왼쪽 뺨까지 때리면 어떡해?"
그때 내가,
"그래서 아빠가 널 태권도 학원엘 보낸 거다."

↳ 싸움은 피하는 게 최상의 선택이지만, 어쩔 수 없이 싸울 땐 선빵이 최고입니다. ㅎㅎ — Ingyu Jung

↳ 역시~~~^^ — Seong Soon Jeon

↳ 우리 아이들에게 싸움은 안 좋은 거라고 입버릇처럼 얘기들을 하고 있는 어른들은 정작 본인들은(정치인들) 매일같이 싸우고, 싸움 잘하는 직업을 업으로 삼고 살아가는 기성세대들이 아이들에게 미안하고 부끄러움 느끼고 반성하며 살아가야 합니다. — Dong Hui Kim

아내가 화병에 분홍색 장미꽃을 담아
TV 앞 응접실 탁자에 올려놓으며,
"여기가 햇볕도 좋고 TV와 어울려 장미가 좋아할
거예요."
내가 말했다.
"기왕에 그 꽃도 거기서 당신처럼
드라마 시청을 좋아했으면 좋겠군!"

↘ 문득, 아하! 색불이공 공불이색이옵니다~~~ — 김종혁

↘ 당연하죠. 그들도 봅니다. 느낍니다. 말을 합니다. 감사하다고. — 이영석

↘ 유머 내공이 점점 더해지는 것 같습니다. 내일이 기다려집니다. ㅎㅎ — 박미덕

↘ 요즘 다들 드라마에 빠지니 아마 꽃도 그럴 겁니다. — 서현종

1년만 쓰기로 했던 [집콕일기]인데
며칠 후 365회가 다가온다.
책을 내자는 출판사에 원고를 묶어 보내긴 해야겠는데
걱정이 하나 있다.
원고를 읽고 웃긴다고,
약속을 그냥 웃어넘겨 버릴까봐 그게 걱정이다.

↘ 축하드립니다. 너무 재밌겠어요.ㅎ — 오동석

↘ 최고의 책은, 읽는 데 저절로 웃음을 불러일으키죠. — 유영대

↘ 이 어려운 시기에 누군가를 웃게 할 수 있다는 건 훌륭한 일입니다. — 이영애

↘ 곧 삶의 여유와 웃음비법을 책으로 볼 수 있겠군요.^^ — Ingyu Jung

↘ 웃어넘겨야 페이지가 넘어가쥬! — Chang Soo Kim

↘ 선생님 1회부터 열독했습니다. 그 사이 저도 50년 인생에 가장 힘든 시간도
   보냈지만 기회 될 때마다 선생님 [집콕일기]를 읽으며 여유를 찾았습니다.
   — 송세종

↘ 별걸 다 걱정하시네요. 벌써, 웃깁니다. ㅎㅎ — 김현구

오랫동안 찾아뵙지 못했다고 아들이 왔다갔다.
"여보, 아들이 뭘 물어 보는 것 같던데…"
"철이 들었는지 내게 직장상사 문제,
삶과 죽음 같은 걸 묻더라구요.
당신에겐 뭘 묻던가요?"
"'엄마 어디 갔어요?'라고 묻더군."

⤷ 머슴과 왕비의 신분차이. — 김용완

⤷ 저도 전화했는데 아버지가 받으시면 인사하고 바로 "엄마는요?" ㅋ — 박기옥

⤷ 엄마는 모든 가족의 안식처입니다. — 이성옥

⤷ 몇 천 번을 불러도 더 부르고 싶은 말 "엄마"~~~~~ — Seong Soon Jeon

⤷ "엄마 어딨어?"가 인사말입니다. — 이지영

⤷ 늘 최고의 위트, 오늘도 빵 웃음^^ — 김민주

외출에서 돌아오면 아내는
오늘 만난 선후배 동료, 은사님, 학회, 매점,
동기생 남편의 바람 핀 얘기 등등 끝없이 들려준다.
이때 내가 하는 일은 아주 중요하다.
스토리가 끊어지는 공백(空白) 때
하하 허허 웃어주는 일이다.

↘ 가끔 반격 대비하셔야~ 리듬 잘 못 타 엇박자로 웃거나 화낼 대목에 웃거나 아
　무 때나 웃으면 밥숟갈 날아올 수 있음! — 이상길

↘ 공감의 미학~^^ — 서현종

↘ 장수하시는 비결입니다. — 전인규

↘ 어떤 때에는 그리하는 일도 힘들어유~ 왠 수다가 그렇게 긴지~
　— Chang Soo Kim

↘ 아주 제대로 밥값을 해주시는군요. — 함현진

"식기 전에 얼른 드세요."
하기에 마시다가 뜨거워 혀를 데일 뻔했다.
놀란 내가,
"당신은 늘 茶가 식는다고 경고는 하면서
왜 茶가 뜨거울 땐 경고를 안 하는 거요?"
"우리 부부 사이도 식어갈 때만 경고가 필요하거든요."

↘ 아직도 뜨겁군요, 부럽습니다. — 김용원

↘ 식을 시간이 없을 것 같습니다. — 안주봉

↘ 뜨겁게 사랑하고 차갑게 대하라~~ 차 드실 땐 예외… — 이상길

↘ 와! 대단한 명언이세여. — 함현진

장난감을 사주면 하루를 못 넘기고
부숴버리는 손자에게, 이번 생일선물로
'장난감 트럭'을 사줬다.
특수재질이라 가격이 꽤 비쌌다.
어제 딸에게서 손자 녀석이
트럭이 안 뿌숴져 울고 있다는 전화가 왔다.
하하 귀여운 놈.

↪ 할아버지도 승부사 기질 있다.^ — 김용원

↪ 장난감을 받고서 얼싸 안고 부숴버리는~ 내일이면 벌써 그를 준 사람조차 잊
   어버리는 아이처럼~ 옛 서유석의 노래를 생각나게 하네요~~ ㅋ — 이상길

↪ 손자 울리셨네요~ 멋진 할배! — 전귀향

↪ 가끔 손주 우는 모습이 이쁠 때 있죠. 승리하셨네요. — 김영호

↪ 그 할아버지에, 그 손자. ㅋㅋ — 서명환

제주 귤피차를 아내가 한 잔 준다.
"귤향이 좋은데… 난 제주에서 살고픈 생각 많이
하거든!"
"그래요? 사람은 자기가 가장 많이
생각하는 그것이 될 수도 있대요."
"큰일났군, 그렇다면 내가
'당신'이 되어 버릴까 봐 걱정되네."

↘ 아핫! 그래서 부부가 서로 닮아가는군요! ㅋㅋㅋㅋㅋ — YongJae Kim

↘ 우와 ~~~ 감동받으셨겠어요. ㅎㅎㅎㅎ — Jinseon Park

↘ 한 번씩 쓰나미 같은 감동팩을 날리시는군요. — 이영애

↘ 사자와 소가 사랑하여 결혼했다. 사자는 아내 소를 사랑하여 맛있는 고기를 소
  에게 한없이 먹역다. 소는 남편을 사랑하여 사자에게 좋은 풀만 먹역다. 둘 다
  죽었다! — 이상길
  ↘↘ 사자와 소의 사소한 얘기군요. ㅎ — 웅크라

↘ 로맨틱하시네요. — Michelle Suh Yoon
  ↘↘ 평소 늘 틱틱 거리다가 한번쯤. ㅎ — 웅크라

집안 여기저기에 발에 차이는 박스,
진로를 방해하는 미니걸상과 플라스틱 용기들…
내가 치우려 하면 아내는 무슨 이유든 대며 그냥 두란다.
이것들 피해서 이리 삐뚤 저리 삐뚤 걷다 보면
집안에서 萬보 채우겠네.

↘ 더 주워다 두시면 곧 이만 보! 와우~~ ― 오금택

↘ 걸상? 오랫만에 들어보는 친근한 용업니다. 언젠가 서랍(舌盒?)을 빼닫이라
   했다가 남들이 웃은 적 있습니다. ― 윤선달

↘ 선생님의 건강을 위한 사모님의 기막힌 배려 같습니다. ― 최상일

↘ 엄살~ 심하십니다. ― 이성옥

↘ 우리 엄니는 워낙 깔끔하셔서 벌려놓은 박스 그대로 뒀다간 선종입니다.
   ― 하경호

↘ 가구를 이용한 DIY 건강 증진용 미로구성. ㅎㅎ ― Ingyu Jung

식품 코너에서 장을 보다가,
내가 욕심이 너무 많은 게 탈이라고 하여
아내와 언쟁을 좀 했다.
아내가 정육 코너에 붙은 커다란 돼지 그림을 가리키며
"저거 당신 친척이지?"
내가 바로 응수했다.
"그럼, 우리 처가 쪽으로!"

ㄴ 샘, 간이 너무 크시네요~~ㅋㅋ — 조영옥

ㄴ 그럼 여하튼 인척이어야 됩니다, 선배님. ㅋㅋㅋㅋㅋ — 유영대

ㄴ 모처럼 간 큰 1승이셨네요~^^ — 심두리

ㄴ ㅎㅎ 멋진 터닝슛입니다. — Ingyu Jung

ㄴ 맞을 말만 골라 하는 재주.^^ — Joseph Park

ㄴ 와~우. … 이 완벽한 순발력… — 이창순

샌드위치를 맛있게 만들어 먹고 있는데,
외출했던 아내가 돌아왔다.
"아, 이 맛있는 냄새가 뭐지?
당신은 내 생각도 안 하고 혼자만 먹고 있단 말예요?"
"아니지, 당신이 오면 어쩌나 걱정하느라
당신 생각 많이 했다구!"

↳ 묘하게 맞는 말씀입니다. ㅎㅎ — 최현

↳ 톰과 제리 만화영화 갑자기 보고 싶네요. 즐겁게 웃고 갑니다. — 김영호

↳ 사모님 왈 : 난 당신 주려고 두 시간 줄 서서 맛있다는 그 플라자 SS 수제 버거
　사 왔는데~~ 난 차마 먹을 수가 없었다!! ㅠㅠ — 이상길

↳ +가슴졸임+눈치=쫄음. ㅎㅎ — Ingyu Jung

오늘 식탁엔 사회적 유대감 없이
우리 집안에서만 인정되는
창의적(?) 반찬들로 채워졌다.
게다가 아내는
'입맛이 돌지 않우?'라고 묻는다.
큰일이다!
입안에 마땅치 않은 대답만 뱅뱅 돌 뿐
'입맛'은 돌지 않으니…

↘ 창의적 반찬들 사진 좀 주세요. ㅎㅎ ― 함현진
　　↘↘ 비밀유지 관계로 촬영금지! 레시피 특허 고려중이라서… ― 웅크라

↘ ㅋㅋㅋ 저는 웃음소리만 입안에서 뱅뱅 돕니다. ^^ ― 이인숙

↘ ^^~ 무엇이든 돌아간다는 것은 살아있는 것?~^^ ― Seong Soon Jeon

↘ 입맛이 아니어도 밥심으로 버티셔야 합니다… ㅋㅋ ― 한혜승

놀러 온 손자가 고양이 안고 묻는다.
"이 고양이 아빠야? 엄마야?"
내가 당황 쩔쩔 매자 아내가 나선다.
"아빠처럼 수염이 났잖아,
그러니까 아빠 고양이지."
역시 아내는 명의!
나는 돌팔이…

↘ 순발력의 차이죠… 구석기시대부터 갈린 남녀의 구조예요.
　토닥토닥 힘내세요. ㅎ ― 설다민
　　↘ 구석기 시대부터 남자는 구석으로 몰렸군요. ㅜㅜ ― 웅크라

↘ 그동안 사모님께서 고양이를 많이 관찰하신 것 같네요. ㅎ ― 하필승준
　　↘ 혹시 나 몰래 수의사 면허 땄는지도… ㅎㅎ ― 웅크라
　　　↘ 짐작컨대 소지하고 계실 겁니다. ㅎ ― 하필승준

↘ 고양이의 수염뿌리 주변에는 혈관과 신경이 지나고 있어, 바람의 속도, 몸이
　흔들리는 정도, 공기의 흐름을 분석하는 데 탁월한 역할을 합니다. 이처럼 고
　양이 수염은 주변 환경의 변화를 느끼고 감지하는 역할을 한다고 하여 '감각
　모'라 불리기도 합니다. ― 김성련